理論と実証から学ぶ
新しい国際経済学

TOMOHARA Akinori
友原章典
［著］

ミネルヴァ書房

は じ め に

　国際経済学では，自由貿易のメリットや貿易による所得分配というトピックスが，ずっと議論されてきました。近年メディアで話題にもなっている保護貿易への回帰や所得格差等の時事問題とも関係があり，国際経済学におけるもっとも基本的でかつ永遠のテーマといってよいかもしれません。

　国際貿易論では，保護貿易の弊害を指摘し，自由貿易を肯定する見解が一般的です。一方で，保護貿易を正当化する理論もあります。また，最近の研究では，貿易のメリットを数値化するとそれほど大きくないという指摘もあります。

　本書では，そうした問題を考えるための分析道具をご紹介しながら，最近の研究結果についてご紹介していきます。

本書の目的

　本書の目的は，国際貿易の問題を議論するために，初級の教科書と上級の教科書や論文の橋渡しをすることです。例えば，国際経済学の初歩的な学習は済んで少し進んだ勉強をしたいと思った時には，大学院などで使われている上級の教科書を読む機会があるでしょう。また，みなさんが自分で論文を書かれる時に，多くの英語論文を読む必要が出てくるかもしれません。こうした場合に，結構数式が多くて難しいと感じられるかも知れませんが，そのギャップを埋めるために役立つよう書かれたのが本書です。

　そのため，簡単な例題（数値例）を使ってモデルの意味を直感的に学ぶことから始め，その後，そうした考えがどういった形で一般化（数式化）されるのかということを，段階的に学ぶスタイルをとっています。初級レベルの問題を通じて大体の考え方が頭に入っていれば，難しそうな数式を見ても驚かなくなります。数式の意味するところが，何となく分かってくるからです。そのため

i

に，モデルの大事なポイントを理解できるように執筆されています。

本書の読み方

　本書は，読者のバックグラウンドに応じて様々な使い方ができます。入門レベルの教科書を読み終えて，国際経済学のイメージをつかまれた方が，簡単な例題を解きながら理解を深めたい場合には，各章の前半部分を読まれるとよいでしょう。各章の前半部分は，大学の1～2年生を対象にした講義内容の簡単な復習と，大学の3～4年生を対象にした講義で使用されている数値例を載せています。また，資格試験の準備のために本書を利用される方も，各章の前半部分が参考になると思います。

　一方，大学院での学習と合わせて本書を利用される場合には，各章の後半を読まれるとよいでしょう。例えば，少し時間をかけて解くような計算問題を使用して，項目の説明をしています。これらの例題は，国際経済学への応用問題なのですが，中級レベルのミクロ・マクロ経済学の基礎学習にも使用できます。というのも，第1章は一般均衡，第2章はディクシット・スティグリッツ型効用関数の独占的競争モデル，第5章はゲーム理論というように，国際貿易だけではなく，ミクロ経済学や産業組織論でも使用される基礎的なモデルの例題を使用しているからです。また，ディクシット・スティグリッツ型効用関数は貿易だけではなく，マクロ経済学モデルでもよく使用されています。

　最後に，理論的な学習を終えられて，これから実証研究を行って論文作成を行う大学院生や実務家の方々などは，第3章や第4章を重点的に読まれるとよいでしょう。国際経済学や国際金融でよく使う実証研究の手法について記述しています。大学の講義だけではすべてのトピックスをカバーすることはできないので，論文などを執筆するようになると，ある程度独学する姿勢が必要になります。こうした際の手助けになればと思っています。

　また，独学で学習する初心者に配慮し，大事な部分や基礎問題の理解においては，できるだけ数式の解き方を段階的に記述しています。通常の教科書ですと，紙面の都合から，途中の計算を示しておらず，自分で解いてみると意外と

わからない場合もあったりします。また，解き方だけでなく，宿題を解いたりや期末試験を受けるときに，どのように解答を書けばよいかという解答の書き方の参考にもしていただければと思います。

本書の内容の一部は，動画教材として http://www.dailymotion.com/int_econ にアップロードされています。こちらも併せてご活用いただくと，本書の内容の理解が一層深まるかもしれません。

また，本書内の数式番号に関しては，各節ごとに通番で付して，各節内で完結するようにしています。但し，同節内に幾つかの例題が含まれる場合には，例題ごとに通番で付しています。

本書の特色

本書を読まれると，従来の国際経済学の書籍とは（いろいろな意味で）かなり違うことに気が付かれると思います。まず，スタイルに関しては，問題提起と解説を交互に行うという形式をとっています。これは，漫然と読み進めるのではなく，問題意識を持っていただいてから解説を行うことにより，問題点を意識でき，重要な議論が頭に入りやすくなるからです。

内容に関する本書の特徴として，古典的な貿易理論は第1章で触れる程度にとどめています。これまでにも優れた国際経済学の教科書がかなりのページを割いて説明しているので，そちらを参考にしていただければと思っています。

一方で，できるだけ最近の動向を反映させた内容を盛り込もうと努めています。例えば，「自由貿易のメリット」を数値的に試算するとどうなるかといった議論です。こうした議論に対応するため，理論と実証を橋渡しするような内容を入れています。本書の内容は，これまで筆者がジョンズホプキンス大学，ピッツバーグ大学院，ニューヨーク市立大学並びに青山学院大学などで講義した内容等を，大幅に加筆・修正してまとめたものです。筆者の知る限り，日本語による国際経済学の教科書では説明されていませんが，海外の大学院などでは一般的である内容をできるだけ掲載していると思います。そうした意味で，本書は他の日本語の教科書の補完的な存在として意義のあるものだと思ってい

ます。

　さらに，いろいろな内容を網羅的に掲載するのではなく，現実問題ともリンクさせることを意識しています。このため，グローバル化によって幸せになるのかという観点から，特に，「自由貿易のメリット」に焦点を当てながら執筆を行いました。特に，一般的な教科書の解説ではわからない読者（特に，初学者や独学者）のために，教科書の行間を埋めるような説明も心がけました。例えば，議論の前提となっていることや，モデルの意味などは，なるべく直感的に日本語で説明しています。その過程で，経済学の説明が若干ラフになっているところもありますが，現実の問題を考える端緒となればと思い，あえて大胆なアプローチをとっています。この意味で，本書は，標準的な教科書の取扱説明書にもなっています。

　モデルの問題点についても記載しています。例えば，独占的競争モデルは頻繁に使用されていますが，こうしたアプローチが現実をうまく説明していると思っているエコノミストは多くなく，単に使い勝手が良いことから重宝されていることなどです。さまざまなモデルにおける問題点を意識されると，教科書で学習するような理論が示唆する含意通りに，現実が機能していないことにも納得がいかれるかもしれません。こうした疑問は，これまでの講義や講演で，学生や聴衆のみなさんから寄せられた質問にもおおくみられるものであり，本書における説明においてちりばめられています。残念ながら，試験問題のように1つの正解があるわけではありません。数式を駆使して精緻に見える議論も，モデルの前提条件を吟味することなしに，いつでも当てはまるものではないことに留意が必要でしょう。国際経済学自体が，未だ発展途上にあるのです。問題点を理解したうえで，政策分析のための道具を使用することにより，現実問題を有意義に議論できるようになると思っています。

　本書の内容を丁寧にチェックしてコメントを頂いたミネルヴァ書房の水野安奈さん，執筆に際してアシスタントとしてご協力いただいた金科さん，洪靖鎧さん並びに肖宇青さんにも深謝致します。また，すべての方々のお名前を載せ

はじめに

ることはしませんが，椎野幸平さんを含め様々な質問等をいただいた過去の履修生にも御礼を申し上げます。なお，本書の出版は青山学院大学国際政治経済学会からの出版助成を受けています。合わせて感謝の意を表します。

　繰り返し校正を行いましたが，数式を多く含む性質上，もし，誤植が含まれていたとすれば筆者の責任です。また，ご利用の際にお気付きになられた点がございましたら，ご意見を賜れればと存じます。例えば，もっと簡単な解法があったり，この部分をもっと詳しく説明してほしい等を含め，今後の参考にさせていただきます。

　最後に，本書が少しでもみなさんの学習のお役にたてれば幸いです。

2018年2月

友原章典

理論と実証から学ぶ
新しい国際経済学

目　次

はじめに

第1章　これまでの貿易理論 ……………………………………… 1

① 標準的な教科書で学ぶモデル　2

1.1 自由貿易の提唱　2

1.2 閉鎖経済と開放経済　2

② 貿易と所得分配　4

2.1 所得格差とストルパー・サミュエルソン定理　4

2.2 国家格差と要素価格均等化定理　6

③ どの財を輸出すればよいか　10

3.1 レオンチェフ・パラドックス　10

3.2 伝統的モデルへの評価　14

④ ヘクシャー・オリーンモデルの応用例　15

4.1 ヘクシャー・オリーンモデル（1）　15
　　　——ストルパー・サミュエルソン定理

4.2 ヘクシャー・オリーンモデル（2）——要素価格均等化定理　27

第2章　新しい貿易理論とは何か ……………………………… 35

① 規模の経済　35

1.1 大量生産の利益　35

1.2 閉鎖経済と開放経済　37

② 独占的競争　39

2.1 製品の差別化　39

2.2 同質的な企業　40

③ 多様な財の消費　48

3.1 消費者の効用最大化　48

3.2 ディクシット・スティグリッツ型効用関数　53

viii

目　次

第3章　実証分析の理論について学ぼう　………………………… 66

1 実証分析の基礎　67

1.1 モデルのフィット　67

1.2 回帰分析の考え方　70

2 重力モデルとは何か　74

2.1 伝統的な重力式　74

2.2 従来の推定の問題点　76

2.3 理論的根拠を伴う重力モデル　79

3 重力モデルと経済理論　92

3.1 需要——CES モデル　92

3.2 アーミントンモデル——完全競争と CES 需要関数　95

3.3 独占的競争——同質的企業と CES 需要関数　99

第4章　自由貿易のメリットをみてみよう　……………………… 104

1 アーミントンモデル　104

1.1 貿易メリットの計測　104

1.2 貿易抵抗の影響　107

2 モデルの拡張　114

2.1 類似点や相違点　114

2.2 アーミントンモデル　115

2.3 さまざまなモデル　117

3 社会厚生の数値化　120

3.1 1 部門モデル　121

3.2 多部門モデル　122

3.3 中間財貿易　125

3.4 複数の生産要素　127

3.5 その他の拡張モデル　128

ix

第 5 章　保護貿易のメリットをみてみよう …………………… 131

1　戦略的貿易論　131

  1.1　ペイオフ・マトリックス——ナッシュ均衡　131

  1.2　反応曲線——ナッシュ均衡　135

  1.3　クールノー・ナッシュ均衡　138

2　関税の考え方　142

  2.1　輸入関税　142

  2.2　クールノー寡占モデル　143

3　輸出補助金　152

  3.1　1 政府による補助金　152

  3.2　政府間補助金競争——2 段階ゲーム　159

  3.3　費用等変数の一般化　166

4　異なる市場での競争　169

  4.1　地域市場での競合　169

  4.2　第三国市場における競争　174

5　保護貿易の政治経済学　181

  5.1　ロビー活動の弊害　181

  5.2　実証分析　189

主要参考文献　191

索引

第1章	これまでの貿易理論

　国際経済学では，自由貿易のメリットや貿易が引き起こす所得格差というトピックスが，長い間議論されてきました。近年メディアの話題にのぼる自由貿易協定や所得格差などの時事問題とも関係があり，国際経済学におけるもっとも基本的でかつ永遠のテーマといってよいかもしれません。

　貿易体制に関しては，保護貿易の弊害を指摘し，自由貿易を肯定する見解が一般的です。古くは，リカードモデルが，限られた資源を有効に活用するには，技術力が優れている（絶対優位の）国も，技術力が劣る国と貿易することでメリットがあると示しました。限られた資源を有効に活用するには，自給自足をするよりも，自国が相対的に得意なものを生産し，その後生産したものを外国と交換するというように，他国と協力した方が良いというわけです。いわゆる比較優位の考え方です。

　リカードモデルは各国間の異なる技術力から貿易を説明するものでしたが，その後，技術力が同じでも，国によって労働や資本のような要素賦存量が異なれば，貿易のパターンを説明できるというヘクシャー・オリーンモデルが登場してきました。現在でも，大学学部の国際経済学で多くの時間を割いて学習する標準的な貿易モデルです。このモデルでも，やはり，貿易のメリットが示されています。

　本章では，古典的な貿易理論における主要な定理（ヘクシャー・オリーン定理，ストルパー・サミュエルソン定理，要素価格均等化定理）のエッセンスを，現実の経済問題と関連させながらみていきましょう。

1

1 標準的な教科書で学ぶモデル

1.1 自由貿易の提唱

ヘクシャー・オリーンモデルでは，貿易のメリットが示されています。各国は，相対的に豊富に所有する生産要素を集約的に使用する財の生産に向いており，相対的に得意な財を生産して輸出し，苦手な財は輸入（ヘクシャー・オリーン定理）すれば，貿易がない場合には消費できない財の組み合わせが消費できるようになるため，貿易によるメリットを享受できます。

ポイントは，各国間の異なる要素賦存量です。例えば，（あくまで理解を手助けするためのイメージですが，途上国のように）労働が豊富であれば，労働を集約的に使用して生産するような財（農産物等）を安く作ることができ，そうした生産に向いていることになります。逆に，こうした国々では，資本を集約的に使うようなコンピューター等の財の生産には向いておらず，高い価格でしか作ることができません。そこで，自国が相対的に得意である農産物を生産・輸出し，その代わりに，苦手であるコンピューターを輸入・消費すれば，貿易がない場合よりも厚生が改善するというわけです。

1.2 閉鎖経済と開放経済

こうした考え方は，貿易がある場合とない場合を比べて，よく次のような図を用いて説明されます。図 1.1 の A 点は，閉鎖経済における最適な生産と消費を表しています。A 点は，限られた資源を使って生産物の価値を最大化する点であり，且つ，限られた予算の中で効用を最大化する点です。A 点においては，生産された全てのコンピューターは国内で消費され，生産された全ての農産物も国内で消費されています。貿易がない場合には自国で生産する以上に消費できないので，消費量は常に生産量と一致しています。

一方，開放経済では貿易があるため，消費量は必ずしも生産量と同じでなくとも構いません。図 1.2 では，B 点で生産物の価値が，C 点で消費者の効用が

第1章 これまでの貿易理論

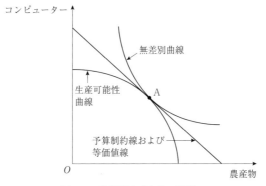

図1.1 閉鎖経済（生産＝消費）

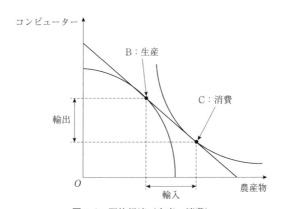

図1.2 開放経済（生産≠消費）

それぞれ最大化されています。国内で生産する農産物より消費する農産物の方が多く，その差額分は農産物の輸入となっています。同様に，国内で生産するコンピューターより消費するコンピューターの方が少ないので，その差額分はコンピューターの輸出になります。

　2つの図を組み合わせて，閉鎖経済と開放経済の場合を比べてみましょう（図1.3）。点線①が閉鎖経済の場合，点線②が開放経済の場合において効用を最大化する無差別曲線を表しています。①と②を比べると，C点のある無差別曲線の方がA点のある無差別曲線より，右上に位置していることから，貿易が

3

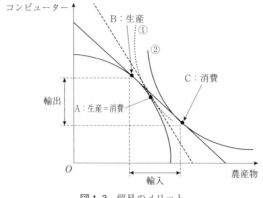

図 1.3 貿易のメリット

ない場合よりも貿易がある場合の方がよいという結論になります。これは，貿易がなければ消費できない生産物の組み合わせを，消費できるようになるからです。消費を行う C 点は生産可能性曲線の内部にはありません。つまり，自国の限られた資源ではつくることが出来ない生産量の組み合わせです。本来，自国だけでは作ることが出来ない生産量の組み合わせを消費できるようになることが，貿易のメリットとなっています。

2 貿易と所得分配

2.1 所得格差とストルパー・サミュエルソン定理

貿易が国内での所得格差とどのような関係があるかについて考えてみましょう。ストルパー・サミュエルソン定理を援用すると，貿易の開始は，所得格差を広げる可能性があることが示唆されます。例えば，相対的に技能労働者が豊富なアメリカと相対的に単純労働者が豊富なメキシコが貿易を始めるとしましょう。両国では，技能労働者を集約的に使うコンピューターと単純労働者を集約的に使う農産物が生産されています。議論を簡単にするため，生産に必要とされる要素は技能労働者と単純労働者だけとします。貿易の開始によって，技能労働者と単純労働者の 2 つのグループの所得はどのように変わるでしょうか。

第1章　これまでの貿易理論

　まず，貿易パターンをみてみましょう。ヘクシャー・オリーン定理を適用すると，相対的に技能労働者が豊富なアメリカはコンピューターの生産に比較優位をもつので，コンピューターを増産して輸出します。同様に，相対的に単純労働者が豊富なメキシコは農産物の生産に比較優位をもつので，農産物を増産して輸出します。このような財市場での生産調整により財の価格が変化して，要素市場において賃金等の要素価格も変化します。アメリカでコンピューターを増産するためには（相対的により多くの）技能労働者を雇うことが必要になり，需要の増えた技能労働者の賃金は上がります。一方で，輸入に代替されて減産する農業では単純労働者が失業します。増産が続くコンピューター産業はこうした失業者の受け皿となりますが，コンピューターの生産にはそれほど多くの単純労働者を必要としないので，単純労働者の供給超過となり，その賃金は下がります。同様の過程がメキシコでもおこり，農産物を増産するメキシコでは，技能労働者の賃金は下がって，単純労働者の賃金が上がります。このように，相対的に豊富な要素賦存量が比較優位の源泉となっているモデルでは，その国において豊富な生産要素を提供している人の賃金が増加し，そうでない人の賃金は低下します（ストルパー・サミュエルソン定理）。この結果，アメリカでは所得格差が拡大し，自由貿易が所得格差の原因となります。

　では，実際に貿易が所得格差を生み出しているのでしょうか。1980年代から90年代にかけての先進国では所得格差の問題が注目を浴びましたが，貿易は所得格差の原因ではないと結論づけられています。先進国における総輸入量のうち，途上国からの輸入量が占める割合は大きくなく，途上国との貿易が先進国の経済に与えた影響は小さかったとされたからです。むしろ，90年代の所得格差の原因は技術革新であると考えられています。例えば，90年代のアメリカでは生産や事務管理に係る技術革新が進み，そうした技術を備えた技能労働者への需要は増え，そうでない単純労働者の需要は減りました。このため，技能労働者の賃金は相対的に上がり，単純労働者の賃金は相対的に下がって，所得格差が引き起こされたと考えられています。但し，1990年代の後半から2000年代にかけて，先進国に占める途上国からの輸入量が急速に増加し，貿易

5

が2000年代における所得格差を助長している可能性が指摘されています。

　それ以外にも，ストルパー・サミュエルソン定理による予見は，現実をうまく説明していないと指摘されています。近年のグローバル化による所得格差の拡大という問題です。例えば，先進国は相対的に技能労働者が豊富で，途上国は相対的に単純労働者が豊富とすると，貿易によって，先進国では技能労働者集約的な財の価格が上昇し，途上国では低下します。同時に，先進国では単純労働者集約的な財の価格が低下し，途上国では上昇します。ストルパー・サミュエルソン定理によると，こうした価格変化は，先進国の技能労働者の賃金を上昇させ，単純労働者の賃金を低下させるため，所得格差が拡大します。一方，途上国の単純労働者の賃金を上昇させ，技能労働者の賃金を低下させるため，所得格差が縮小します。しかし，現実には，所得格差の拡大は，先進国だけでなく発展途上国にもみられるため，ストルパー・サミュエルソン定理による予見は批判されています。

2.2　国家格差と要素価格均等化定理

　これまでは一国内における所得格差をみましたが，国家間の所得格差について考えるために，要素価格均等化定理（the factor price equalization theorem）についてもみていきましょう。要素価格均等化定理とは，ざっくりと言えば，貿易が二国間の要素価格を均等化することです。もう少し詳しく説明すると，自由貿易によって二国間の財の価格比率が均等化されるなら，国際的な生産要素の移動がないにもかかわらず，賃金・レント比率も二国間で均等化するということです。

　要素価格均等化定理が成立するためには，いろいろな仮定が設けられています。本書の読者には細かい点かもしれませんが，後述する国家間における所得格差の議論に必要なので，すこし触れておきましょう。その仮定とは，生産の観点からは，二国間において同一かつ規模に関して収穫一定の生産関数を想定しており，需要の観点からは，嗜好が同一かつ同質（identical and homogeneous tastes）であることを前提としています。この場合，財の自由貿易を通して，

二国間の相対的な財の価格が均等化するならば，それら二国で2財が生産されている限り，相対的な要素価格（factor returns）が均等化するというのが要素価格均等化定理です。ここでは全てが相対的な観点から議論されています。

　さらに一歩進んで，自由貿易がそれぞれの実質的な要素価格を均等化させる，つまり，アメリカの賃金と日本の賃金（または，アメリカのレントと日本のレント）が一致するというような，絶対的な意味からも要素価格の均等化が導かれることが知られています。要素価格均等化の議論では，相対的要素価格均等化（relative factor price equalization）だけでなく，絶対的要素価格均等化（absolute factor price equalization）も導かれるのです。

　どうして絶対的な意味で要素価格が均等化するのかをおおまかに説明しましょう。自由貿易によって相対的な要素価格が均等化するのであれば，自国のある産業で使われている資本・労働比率は，外国の同じ産業で使われている資本・労働比率と同じになります。もし，自国での資本・労働比率が，外国での資本・労働比率より大きければ，自国の賃金・レント比率も外国の賃金・レント比率より大きくなってしまい，矛盾してしまうからです。ここまでは直観的にわかると思います。次に，規模に関して収穫一定の生産関数の場合，資本・労働比率が両国において同じであれば，労働の限界生産力（もしくは資本の限界生産力）が両国で同じになります。生産要素の限界生産力は，規模とは独立に，生産要素比率のみによって決まるからです。最後に，均衡条件である「生産要素の限界生産物価値＝生産要素の価格」の関係と，両国において生産要素の限界生産力が同じという2点をあわせると，生産要素の価格が両国において同じになることが示せます。

　政策的には，よく絶対的要素価格均等化の方が興味の対象となります。理論的に，貿易によって，二国間の要素価格が収れんしていく（賃金やレントが同じ水準になっていく）という興味深い結論が導かれるからです。

　もし，絶対的な要素価格の均等化が成立しているのであれば，資本移動や移民は発生しません。例えば，中国の賃金が日本の賃金と同じであれば，わざわざ中国から日本に移る経済的インセンティブがないからです。このため，要素

7

価格均等化が成立している場合，財の貿易は生産要素の貿易（もしくは国際移動）と「完全代替」ということになります。財を国家間で取引するか，生産要素を国家間で取引するかは，どちらも同じという意味で完全代替ととらえるのです。

　この点は貿易の背後で起こっていることを考えると納得がいきます。ここで，二国，H国（Home：自国）とF国（Foreign：外国）を考え，H国は相対的に資本が豊富な国，F国は相対的に労働が豊富な国だとします。すると，ヘクシャー・オリーン定理では，H国がF国に資本集約的な財を輸出することになります。ここで，H国がF国に資本集約的な財を輸出していることは，実はH国が直接資本をF国に売っているのではなく，財の輸出を通じてH国が持つ豊富な資本をF国に使用させてあげていることと同じと考えることができます。つまり，H国が輸出する財には豊富な資本が内包されていると考えればわかりやすいでしょう。したがって，H国は財の輸出を通じて間接的に資本を輸出していると言えるのです。

　議論を戻しましょう。相対的要素価格均等化定理だけでなく絶対的な要素価格均等化まで導かれることはわかりました。しかし，現実には，日本の賃金と米国の賃金，日本の賃金と中国の賃金など，二国間で要素価格は均等化されていません。

　では，現実において要素価格が均等化されない理由は何でしょうか。要素価格均等化定理の成立には，いろいろな前提条件があったことを思い出してください。要素価格均等化定理は理論的に問題がないとしても，現実をうまく説明していないのは，どの仮定が影響しているのかについて考えていきましょう。

　まず，現実では満たされていない仮定としてよく指摘されるのは，二国間の生産技術が同じという仮定です。通常，2つの国を考える場合，生産技術が同じことはあまりなく，ある国がより優れた技術力を持つことがあります。もし，ある国がより優れた技術を持っていれば，他の国よりも高い賃金やレントを設定します。したがって，要素価格は均等しません。ただ，この仮定はみなさんが思っている程，問題があるとは考えない見方もあります。もし，技術に関す

る知識が国境を越えて伝播して共有される場合には，二国間の生産技術が同じような水準に収斂されていくと考えられるからです。すると，この仮定も問題ないことになります。しかし，こうした見解にはさらなる批判があります。仮に，技術に関する知識が国境を超えて共有されたとしても，例えば，投入物（inputs）の質（労働者の質や経営の質）が国家間で異なれば，技術に関する知識を生産にうまく活かせない可能性がありますので，生産技術が同一にならないと批判されているのです。

　次に，貿易が二国の財価格を均等化するという仮定が現実には満たされていないため，要素価格も現実には均等化しないと指摘されています。どうして二国の財価格が均等化されないのかに関してはいろいろな指摘があります。①関税や輸入割当のような貿易に関する参入障壁があります。②輸送費用がかかってしまうこともあります。③市場の攪乱要因として独占企業のような存在があります。なぜなら，ここでの議論で想定されているのは完全競争市場だからです。④政府による政策の攪乱要因があります。これには，製造業者への生産補助金や農作物の国際価格と国内価格の差を埋めるための価格支持政策などがあります。こういったものがあると，貿易が二国間の財価格を均等化せず，その結果，要素価格も均等化しないことになります。

　第三に，要素価格均等化では，二国は2財を生産するとされています。つまり，2財を作っていないような（完全特化の）状態を想定していません。技術的な説明をすると，もし，経済の相対的な要素賦存量比が不完全特化錐（the cone of diversification）の中にあれば，両財が生産されることが知られています。もう少し噛み砕くと，一国の経済全体の要素賦存量比（＝2財の平均資本・労働比率）が2つの産業の資本・労働比率の間にあることと説明できます。さらにおおまかに説明すると，要は，両国の資本・労働比率がある程度似ている場合には，二国は2財を生産します。逆に，二国の資本・労働比率が大きく異なると，一方の国は完全特化してしまい，この前提が満たされなくなります。したがって，両国の資本・労働比率が非常に異なる場合には，定理の前提条件が満たされていないので，定理もあてはまらなくなります。たとえば，先進国と途

上国間の南北貿易を考えるときに，資本・労働比率がある程度似ていると想定することが難しいのであれば，先進国と途上国の賃金が収斂しないという現実をもって，理論が否定されるわけではないことになります。

最後に，労働者が同一（同質）であると仮定されていますが，この仮定も非現実的であるとの批判がなされています。

③ どの財を輸出すればよいか

3.1 レオンチェフ・パラドックス

現実の貿易は，ヘクシャー・オリーン定理が示唆するような貿易パターンになっているのでしょうか。レオンチェフ・パラドックスと呼ばれるものを考えてみましょう。ヘクシャー・オリーンモデルでは，要素賦存量が貿易のパターンを決めます。労働が相対的に豊富な国は労働集約的な財を輸出し，資本が相対的に豊富な国は，資本集約的な財を輸出します。例えば，アメリカは，資本と労働のうち，資本が相対的に多いとします。ヘクシャー・オリーンモデルに基づけば，アメリカは資本集約的な財を輸出するはずです。しかし，データを調べてみると，実際は，労働集約的な財を輸出していることがわかりました。このため，ヘクシャー・オリーンモデルは間違っているのではないのかという指摘が，レオンチェフ・パラドックスです。

具体的な例を見ながら考えていきましょう。表1.1は産業（製品分類）別にアメリカの輸出額と輸入額の数字を表しています。数値は，実際のアメリカの貿易額を参考に，任意に調整したものです。それぞれの産業について，ヘクシャー・オリーン定理が当てはまるかどうかについて議論してみましょう。

アメリカは相対的に資本や技能労働者が多く，単純労働者が少ないとします。ヘクシャー・オリーン定理に基づけば，アメリカは単純労働集約的な財を輸入し，資本や技能労働者集約的な財を輸出することになります。

アメリカは，単純労働集約的な財であるアパレル，靴，家具，おもちゃなどを輸入することがモデルから予見されます。表1.1を見てみると，こうした産

10

第1章　これまでの貿易理論

表1.1　アメリカの輸出額と輸入額（例）

産　業	輸出額	輸入額
薬　品	82	112
綿製品	10	2
アパレル	4	66
靴	2	36
電化製品	250	424
自動車	148	264
航空機	166	36
家　具	14	60
おもちゃ	14	56

業では，輸入額の方が輸出額よりも多くなっており，ヘクシャー・オリーン定理と整合性があります。また，航空機は技能労働及び資本集約的な財なので，輸出額の方が多いと予見されますが，表1.1でもその通りになっています。

　一方，ヘクシャー・オリーンモデルの予見と一致しない産業もあります。例えば，薬品が技能労働集約的な財とすると，アメリカは薬品を多く輸出していると予想されますが，表1.1では，輸出額よりも輸入額の方が多くなっています。また，電化製品や自動車は技能労働及び資本集約的な財なので，輸出額の方が多いはずですが，表では輸入額の方が多くなっています。また，綿製品は単純労働集約的な財と考えられるので，輸入額の方が多いと予想されますが，表では輸出額の方が多くなっています。こうした単純な表を使用した例題からも，いわゆるレオンチェフ・パラドックスの例が見てとれます。

　では，ヘクシャー・オリーンモデルは間違っているかというと，必ずしもそうとは言えないようです。いろいろな議論の1つに資本の定義があります。機械などの物理的資本だけではなく，人的資本などのように，もっと幅広く資本をとらえるべきではないかという議論です。例えば，労働者の平均教育年数のような尺度でみると，輸出品は輸入品に比べて技能労働集約的なことが確認されています。このように，幅広い資本の定義を使うと，アメリカは資本集約的

11

な財を輸出しており，ヘクシャー・オリーンモデルによる帰結は，間違っていないというのです。また，モデルの本質に関わるような議論もあります。古典的な貿易理論では，比較優位が貿易パターンを決めてきました。しかし，比較優位以外の要因が貿易パターンを決定する場合には，レオンチェフ・パラドックスもあり得ると主張されています。例えば，新しい貿易理論では，比較優位ではなく，規模の経済が重要になってきます。ヘクシャー・オリーンモデルの適用が適切でない場合には，レオンチェフ・パラドックスは不思議なことではなくなります。レオンチェフ・パラドックスは戦後から60年代までのアメリカのデータには当てはまりますが，70年代初頭には観察されなくなったという研究もあります。近年の貿易を説明するために新しい貿易論が提唱されたのが1980年代以降であることからも興味深い点です。

　また，現実は非常に複雑で，ヘクシャー・オリーンモデルが想定するような貿易の枠組みだけでは捉えきれない側面もあります。表1.1 に関連して言えば，2つの見解を挙げることができます。例えば，家電製品や自動車に関しては，アメリカの輸入額は輸出額よりも大きくなっています。アメリカは，発展途上国と比べると，資本や技能労働者が相対的に多いと言えますが，日本やドイツと比べると，ひょっとしたらそうではないかもしれません。もし，家電製品や自動車が日本やドイツから輸入されているのであれば，必ずしもヘクシャー・オリーン定理と相反するものでもなくなってきます。二国だけでなく多くの国々との関係を考える場合は，アメリカは相手国によって技能労働や資本が相対的に多かったり，逆に少なかったりと，様々な議論が可能になるわけです。アメリカの総輸出と総輸入を比べるだけでは，こうした議論が混ざってしまっている可能性があります。

　次に，海外直接投資の議論が抜け落ちています。例えば，アメリカがメキシコに海外直接投資をして大きな工場を作り，メキシコから家電製品や自動車を輸入していたとします。すると，アメリカはメキシコに比べて，技能労働者や資本が相対的に豊富にある国にも関わらず，家電製品や自動車の輸入額の方が多いという現実もありえることになります。それ以外にも，日本やドイツ等が，

例えば，母国より人件費の安いメキシコや東南アジアに海外直接投資をしているとします。メキシコや東南アジアで生産された家電製品や自動車が，アメリカに輸入されているとすると，アメリカはメキシコや東南アジアに比べて，技能労働者や資本が相対的に多いにも関わらず，輸入額の方が多いというような状態が生じることになります。

　では，それ以外の国のデータではどうなのでしょう。世界のデータを用いても，ヘクシャー・オリーンモデルの予想とは反した結果になっています。要素価格均等化定理の説明を思い出してください。資本が相対的に豊富であるＨ国が，資本が相対的に希少であるＦ国に資本集約的な財を輸出しているということは，実はＨ国が直接資本をＦ国に輸出しているのではなく，財の輸出を通じてＨ国が持つ豊富な資本をＦ国に使用させてあげていることと同じであり，Ｈ国は財の輸出を通じて間接的に資本を輸出していると言えます。この考え方を応用すると，例えば，輸出品に内包されている生産要素を見たときに，その国にとって相対的に賦存量が多い生産要素の割合が多いはずであるし，一方，輸入品の生産要素を見たときに，相対的に賦存量が少ない生産要素の割合が多いはずです。しかし，データで検証したところ，必ずしもその通りの結果とは言えませんでした。現実の貿易は，必ずしもヘクシャー・オリーンモデルによる帰結どおりとは言えないことになります。

　もう少し詳細に説明すると，財の輸出を通じて間接的に生産要素を輸出しているとするならば，全世界における生産要素の供給量と比べて，各国における生産要素賦存量の割合と，全世界における所得のうち，各国の所得の占める割合をくらべると，それぞれの国は，生産要素の割合が所得の割合よりも大きい生産要素を輸出し，その割合が小さい生産要素を輸入することになります。しかし，実際の貿易を調べてみると，必ずしもそうした予見と完全に一致するとは限らないことが示されたのです。

　では，ヘクシャー・オリーンモデルによる帰結がうまくあてはまる場合はないのでしょうか。先進国と発展途上国の間の貿易にはあてはまる場合もあります。例えば，先進国が途上国から単純労働集約的な財を輸入する割合（その先

進国が単純労働集約的な財を輸入する総額に占めるその途上国からの単純労働集約的な財の輸入額の割合）は高く，一方，先進国が途上国から技能労働集約的な財を輸入する割合（その先進国が技能労働集約的な財を輸入する総額に占めるその途上国からの技能労働集約的な財の輸入額の割合）は低いことが報告されています。

　また，日本からアメリカへの輸出パターンの時系列的な変化や韓国，シンガポール，台湾並びに香港からアメリカへの輸出パターンの時系列的な変化についても，ヘクシャー・オリーンモデルによる帰結があてはまるといわれています。1960年代には，日本やこれら4か国（地域を含む）からアメリカへの単純労働集約的な財の輸出割合は高く，技能労働集約的な財の輸入割合は低かったのですが，1990年代後半には，日本からアメリカへの輸出パターンは西ヨーロッパからアメリカへの輸出パターンと同様なパターンに移行し，単純労働集約的な財の輸出割合は低く，技能労働集約的な財の輸入割合は高くなっています。1990年代後半には，韓国，シンガポール，台湾並びに香港からアメリカへの輸出パターンも，単純労働集約的な財の輸出割合は低くなり，技能労働集約的な財の輸入割合が高くなるような変化が見られています。

3.2　伝統的モデルへの評価

　大学の教科書で主要な位置を占めるリカードモデルやヘクシャー・オリーンモデルですが，実証分析の観点から，それらモデルへの評価はどうなのでしょうか。まとめると次にようになっています。

〈リカードモデル〉

実証：労働生産性の高い財を輸出するという予見は現実をうまく説明している。

批判：シンプルな理論には多くの制約があり，モデルの予見と現実との相違点として，

　　　①比較優位に基づいた完全特化を予見。現実では，完全特化はほとんどみられない。

　　　②国際貿易が国内の所得分配に影響を与えないと仮定し，貿易からのメ

リットを予見。現実では，国際貿易が所得分配に影響を与える可能性。
③各国間の要素賦存量や規模の経済などが，貿易の源泉となる視点の欠
如。

このような批判に見られるように，リカードモデルで貿易をうまく説明でき
るとは考えられていませんが，その一方で，以下のような指摘もあります。

評価：①貿易では，絶対優位ではなく比較優位が重要であることを示した。
　　　②労働生産性の高い財を輸出するという予見は実証研究でも確認されて
　　　いる。

〈ヘクシャー・オリーンモデル〉
実証：現実の貿易パターンを必ずしもうまく説明できない。
評価：リカードモデルとは対照に，貿易パターンと所得分配を同時に扱える理
　　　論。つまり，貿易が所得分配に与える影響の分析には有効という意見が
　　　ある。
批判：近年の世界的な所得格差の拡大をうまく説明できず，ストルパー・サ
　　　ミュエルソン定理の限界も指摘されている。

④　ヘクシャー・オリーンモデルの応用例

4.1　ヘクシャー・オリーンモデル（1）——ストルパー・サミュエルソン定理

　最後に，例題を解きながら，本章で学習したストルパー・サミュエルソン定
理やヘクシャー・オリーン定理の理解を深めてみましょう。

　典型的なヘクシャー・オリーンモデルの設定で，2種類の財（財1と財2）が，
2つの生産要素（労働と資本）によって生産されているとします。それぞれの
財の生産関数は，次のようにあたえられています。

15

$$y_1 = K_1^{0.2} L_1^{0.8}$$

$$y_2 = K_2^{0.8} L_2^{0.2}$$

ここで，y_i はそれぞれの財部門 i の生産量，K_i，L_i はそれぞれの財部門 i（但し，$i=1,2$）で使われる資本と労働の量とします。財 1 をニュメレール（価値尺度財）とします。価値尺度財と言うのは，その財の価値を基準として考えると言うことです。ここでは，財 1 の単位で測った財 2 の価格を p とします。簡単に言うと，財 1 の価格を 1 と置くと，相対的に財 2 はいくらになるかということです。また，y は財 1 の単位で測ったその国の国民所得，w は財 1 の単位で測った賃金，r は財 1 の単位で測った資本に対する報酬であるレントとします。ここでの議論では，すべてのものが財 1 の価格で実質化されているような場合を考えているといってもよいでしょう。

資本集約度

最適な資源配分についてみていきましょう。k_i が i 部門における資本集約度を表すとすると，資本集約度を賃金・レント比率の関数として表してみましょう。

p は財 1 を価値尺度財とする（財 1 の単位を基準として測った）ときの財 2 の価格なので，財 1 部門（労働集約的）からの利潤は，

$$\Pi_1 = 1 * y_1 - w * L_1 - r * K_1$$

$$= K_1^{0.2} L_1^{0.8} - wL_1 - rK_1$$

利潤を最大化する条件は，

$$\begin{cases} \dfrac{\partial \Pi_1}{\partial L_1} = 0.8 K_1^{0.2} L_1^{-0.2} - w = 0 \\ \dfrac{\partial \Pi_1}{\partial K_1} = 0.2 K_1^{-0.8} L_1^{0.8} - r = 0 \end{cases}$$

これら一階の条件は，以下のように変形できます。

第1章 これまでの貿易理論

$$\begin{cases} 0.8K_1^{0.2}L_1^{-0.2}=w & (1) \\ 0.2K_1^{-0.8}L_1^{0.8}=r & (2) \end{cases}$$

$\dfrac{(1)式}{(2)式}$ を計算すると,

$$\frac{0.8K_1^{0.2}L_1^{-0.2}}{0.2K_1^{-0.8}L_1^{0.8}}=\frac{w}{r}$$

$$4\frac{K_1}{L_1}=\frac{w}{r}$$

財1部門の資本集約度 $k_1=\dfrac{K_1}{L_1}$ を使って, この式は,

$$k_1=\frac{1}{4}\frac{w}{r} \qquad\qquad (3)$$

となります。

　同様に, 財2部門(資本集約的)からの利潤は,

$$\Pi_2=p^*y_2-w^*L_2-r^*K_2$$

$$=pK_2^{0.8}L_2^{0.2}-wL_2-rK_2$$

利潤を最大化する条件は,

$$\begin{cases} \dfrac{\partial\Pi_2}{\partial L_2}=0.2pK_2^{0.8}L_2^{-0.8}-w=0 \\ \dfrac{\partial\Pi_2}{\partial K_2}=0.8pK_2^{-0.2}L_2^{0.2}-r=0 \end{cases}$$

これら一階の条件は,

$$\begin{cases} 0.2pK_2^{0.8}L_2^{-0.8}=w & (4) \\ 0.8pK_2^{-0.2}L_2^{0.2}=r & (5) \end{cases}$$

$\dfrac{(4)式}{(5)式}$ を計算すると,

17

$$\frac{0.2K_2^{0.8}L_2^{-0.8}}{0.8K_2^{-0.2}L_2^{0.2}} = \frac{w}{r}$$

$$\frac{K_2}{4L_2} = \frac{w}{r}$$

財2部門の資本集約度 $k_2 = \dfrac{K_2}{L_2}$ を使って，この式を整理すると，

$$k_2 = 4\frac{w}{r} \qquad\qquad (6)$$

となります。

k_1 は賃金をレントで割ったものの関数として表されます。同様に k_2 も賃金をレントで割ったものの関数として表されます。

価格と賃金・レント比率の関係

次に，価格 p と賃金・レント比率の関係について考えていきます。また，両者の関係を図に描いてみましょう。

まず，（1）式から，

$$\left(\frac{K_1}{L_1}\right)^{0.2} = \frac{5}{4}w \qquad\qquad (7)$$

また，（2）式から，

$$\left(\frac{K_1}{L_1}\right)^{0.8} = \frac{1}{5r} \qquad\qquad (8)$$

次に，（7）式の両辺を4乗すると，

$$\left(\frac{K_1}{L_1}\right)^{0.8} = \left(\frac{5}{4}w\right)^4 \qquad\qquad (9)$$

（8）式と（9）式より，$\left(\dfrac{5}{4}w\right)^4 = \dfrac{1}{5r}$ が得られます。これより，

$$\left(\frac{5}{4}\right)^4 = \frac{1}{5w^4r} \tag{10}$$

となります。

同様に，（4）式と（5）式から，

$$\left(\frac{K_2}{L_2}\right)^{0.8} = \frac{5w}{p} \tag{11}$$

$$\left(\frac{K_2}{L_2}\right)^{0.2} = \frac{p}{\frac{5}{4}r} \tag{12}$$

(12)式の両辺を4乗すると，

$$\left(\frac{K_2}{L_2}\right)^{0.8} = \left(\frac{p}{\frac{5}{4}r}\right)^4 \tag{13}$$

(11)式と（13）式より，$\left(\dfrac{p}{\frac{5}{4}r}\right)^4 = \dfrac{5w}{p}$ を得られます。この式を整理すると，

$$p^5 = 5wr^4 * \left(\frac{5}{4}\right)^4$$

さらに，この式の $\left(\dfrac{5}{4}\right)^4$ に（10）式を代入すると，

$$p^5 = 5wr^4 * \frac{1}{5w^4r}$$

より，

$$p = \left(\frac{w}{r}\right)^{-\frac{3}{5}} \tag{14}$$

となり，p と $\dfrac{w}{r}$ の関係を表す式になります。

19

【別解】

　均衡では価格＝平均費用であることを利用しても構いません。分子に財2産業，分母に財1産業を取ると，

$$\frac{p}{1} = \frac{\dfrac{C_2}{y_2}}{\dfrac{C_1}{y_1}}$$

それぞれの産業の平均費用を計算します。

$$\frac{C_1}{y_1} = \frac{wL_1 + rK_1}{K_1^{0.2}L_1^{0.8}} = w\left(\frac{L_1}{K_1}\right)^{0.2} + r\left(\frac{K_1}{L_1}\right)^{0.8}$$

$$\frac{C_2}{y_2} = \frac{wL_2 + rK_2}{K_2^{0.8}L_2^{0.2}} = w\left(\frac{L_2}{K_2}\right)^{0.8} + r\left(\frac{K_2}{L_2}\right)^{0.2}$$

（3）式と（6）式より $k_1 = \dfrac{w}{4r}$ 及び $k_2 = \dfrac{4w}{r}$ を，それぞれの平均費用に代入すると，

$$\frac{C_1}{y_1} = w\left(\frac{4r}{w}\right)^{0.2} + r\left(\frac{w}{4r}\right)^{0.8}$$

$$= w\ \frac{4^{0.2}r^{0.2}}{w^{0.2}} + r\ \frac{w^{0.8}}{4^{0.8}r^{0.8}} = 4^{0.2}w^{0.8}r^{0.2} + 4^{-0.8}w^{0.8}r^{0.2}$$

$$= (4^{0.2} + 4^{-0.8})w^{0.8}r^{0.2}$$

同様に，

$$\frac{C_2}{y_2} = w\left(\frac{r}{4w}\right)^{0.8} + r\left(\frac{4w}{r}\right)^{0.2}$$

$$= w\frac{r^{0.8}}{4^{0.8}w^{0.8}} + r\frac{4^{0.2}w^{0.2}}{r^{0.2}}$$

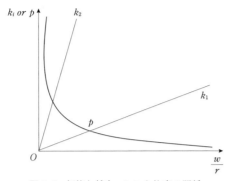

図1.4 価格と賃金・レント比率の関係

$$= 4^{-0.8}w^{0.2}r^{0.8} + 4^{0.2}w^{0.2}r^{0.8}$$

$$= (4^{-0.6})w^{0.2}r^{0.8}$$

したがって,

$$p = \frac{\frac{C_2}{y_2}}{\frac{C_1}{y_1}}$$

$$= \frac{(4^{-0.6})w^{0.2}r^{0.8}}{(4^{-0.6})w^{0.8}r^{0.2}}$$

$$= w^{-0.6}r^{0.6} = \left(\frac{r}{w}\right)^{0.6} = \left(\frac{w}{r}\right)^{-0.6}$$

これらの関係は図1.4に表わされています。

資本集約度などの範囲

　この国には資本800単位と労働400単位があるとします。この場合に賃金・レント比率が取りうる範囲について計算してみましょう。また,資本集約度 k_1, k_2 や P の値の取りうる範囲についても計算していきます。最後に,すべてを図に描いて説明してみましょう（ヒント：もし,両国が完全特化をする場合,

どのような値をとるでしょうか)。

財 1 に完全特化, つまり, $K_1 = K = 800$ 及び $L_1 = L = 400$ の場合には,

$$k_1 = \frac{K_1}{L_1} = \frac{800}{400} = 2$$

また, k_1 と $\frac{w}{r}$ の関係式（3）により, $2 = \frac{1}{4} \frac{w}{r}$ が導かれるため,

$$\frac{w}{r} = 8 \tag{15}$$

したがって, (15)式を (14)式の $p = \left(\frac{w}{r} \right)^{-\frac{3}{5}}$ に代入すると,

$$p \cong 0.287$$

になります。

同様に, 財 2 に完全特化した場合には $k_2 = 2$。また, k_2 と $\frac{w}{r}$ の関係式（6）より,

$$\frac{w}{r} = \frac{1}{2} \tag{16}$$

(16)式を (14)式の $p = \left(\frac{w}{r} \right)^{-\frac{3}{5}}$ に代入すると,

$$p \cong 1.516$$

になります。

(15)式及び (16)式から,

$$\frac{1}{2} \leq \frac{w}{r} \leq 8$$

（3）式より,

$$\frac{1}{8} \leq k_1 \leq 2$$

22

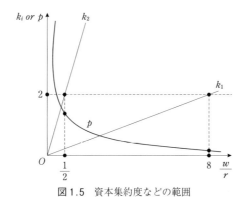

図1.5 資本集約度などの範囲

（6）式より，

$$2 \leq k_2 \leq 32$$

また，

$$0.287 \leq p \leq 1.516$$

これらの関係は図 1.5 に表わされています。

閉鎖経済

b を財1の消費に分配された（財1の観点からの）国民所得の割合とします。つまり，（財1の観点からの）国民所得を Y とすると，財1への支出は，$d_1 = bY$ と書けます。但し，$0 < b < 1$ とします。

ここで，閉鎖経済のもとでは，賃金・レント比率が次のように記述できるとします。

$$\frac{w}{r} = \frac{0.2 \times (1-b) + 0.8b}{0.8 \times (1-b) + 0.2b} * \frac{K}{L}$$

もし，b が 0.75 とすると，閉鎖経済において，賃金・レント比率や資本集約度 k_1, k_2 がどのような値をとるかについて計算し，あわせてその関係を図 1.6

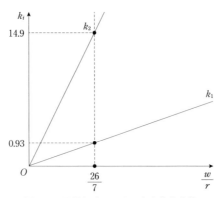

図1.6 閉鎖経済における資本集約度等

に描いてみましょう。

$b=0.75$ を問題文で与えられている $\dfrac{w}{r}$ の式に代入すると，

$$\frac{w}{r} = \frac{0.2 \times 0.25 + 0.8 \times 0.75}{0.8 \times 0.25 + 0.2 \times 0.75} * \frac{K}{L} = \frac{13}{7} \frac{K}{L}$$

になります。

閉鎖経済の場合には，$K=800$ 及び $L=400$ を上式に代入すると，

$$\frac{w}{r} = \frac{13}{7} \frac{K}{L} = \frac{26}{7} \approx 3.71 \tag{17}$$

(17)式の $\dfrac{w}{r}$ を，（3）式の k_1，（6）式の k_2，(14)式の $p = \left(\dfrac{w}{r}\right)^{-\frac{3}{5}}$ に代入すると，

$$k_1 = \frac{13}{14} \cong 0.93$$

$$k_2 = \frac{104}{7} \cong 14.9$$

$$p \cong 0.46$$

24

と求められます。

開放経済

　小国であるこの国が自由貿易に移行するとします。世界市場における価格 p は 0.6 としましょう。ストルパー・サミュエルソン定理が成立しているかどうかについて議論してみましょう。

　ストルパー・サミュエルソン定理によると，p が上がる（つまり，資本集約的な財の価格が相対的に上がる）ときには，資本のレント r は増加するが，労働の賃金 w は低下します。

　ここで，ストルパー・サミュエルソン定理の帰結を検証してみましょう。

　まず，$p=0.6$ が p の範囲に入っているどうかを確認してみましょう。$0.287 \leq p \leq 1.516$ より，p の範囲に入っています。また，閉鎖経済の場合の価格は $p=0.46$ ですから，貿易の開始によって，価格が上がっていることがわかります。

　次に，$p=0.6$ の場合，(14)式より，

$$0.6 = \left(\frac{w}{r} \right)^{-\frac{3}{5}}$$

これより，

$$\left(\frac{w}{r} \right) = 2.34$$

　この値は (17)式の値より小さいことがわかります。つまり，資本集約的な財 2 の価格が相対的に増加したときに，レントが賃金より相対的に大きくなっているわけです（例えば，r が増加し，w が低下すれば，$\frac{w}{r}$ も低下します）。この様子は図1.7 のように表すことができます。

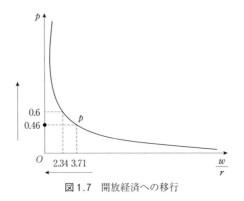

図 1.7 開放経済への移行

資本豊富国と価値尺度財

$K=800>L=400$ から,この国は相対的に資本豊富国であるといってよいでしょうか。

相手国の資源量に関する情報がないと,相対的に資本豊富国であるかどうかはわかりません。但し,ここでの問題では,貿易を開始することによって,資本集約的な財である財 2 を輸出して,財 2 の価格が上がる状態を想定していますので,暗にこの国は資本が相対的に豊富な国とされています。

これまでの問題では財 1 を価値尺度財としてきました。財 2 を価値尺度財として,すべての問題を解きなおしてみてください。結果は変わるでしょうか。

財 2 部門(資本集約的)からの利潤は,

$$\Pi_2 = y_2 - w^*L_2 - r^*K_2$$
$$= K_2^{0.8}L_2^{0.2} - wL_2 - rK_2$$

財 1 部門(労働集約的)からの利潤は,

$$\Pi_1 = p^*y_1 - w^*L_1 - r^*K_1$$
$$= pK_1^{0.2}L_1^{0.8} - wL_1 - rK_1$$

に変わります。続きは,みなさんで解いてみてください。

4.2 ヘクシャー・オリーンモデル（2）——要素価格均等化定理

再び，典型的なヘクシャー・オリーンモデルの設定ですが，前問に2つの国を導入して議論を広げましょう。2つの国（AとB）において，2種類の財（財1と財2）が，2つの生産要素（労働と資本）によって生産されているとします。それぞれの財の生産関数は，次のようにあたえられています。

$$y_1 = K_1^{0.25} L_1^{0.75}$$

$$y_2 = K_2^{0.75} L_2^{0.25}$$

ここで，K_i, L_i はそれぞれの財部門 i（但し，$i=1,2$）で使われる資本と労働の量とします。財1をニュメレール（価値尺度財）とし，p は財2の価格，Y_j は j 国の国民所得，w_j は j 国における賃金，r_j は j 国におけるレント（但し，$j=A,B$）としましょう。

また，各国の労働賦存量及び資本賦存量は，$K_A=80$, $L_A=80$, $K_B=30$, $L_B=70$ のように与えられているとします。

価格と賃金・レント比率の関係

価格 p と賃金・レント比率の関係から，ストルパー・サミュエルソン定理の帰結を検証してみましょう。

財1部門の利潤は，

$$\Pi_1 = 1 * y_1 - w * L_1 - r * K_1$$

$$= K_1^{0.25} L_1^{0.75} - wL_1 - rK_1$$

利潤を最大化する条件は，

$$
\begin{cases}
\dfrac{\partial \Pi_1}{\partial L_1} = 0.75 K_1^{0.25} L_1^{-0.25} - w = 0 \\
\dfrac{\partial \Pi_1}{\partial K_1} = 0.25 K_1^{-0.75} L_1^{0.75} - r = 0
\end{cases}
$$

一階の条件は，次のように変形できます。

$$\begin{cases} \left(\dfrac{K_1}{L_1}\right)^{0.25} = \dfrac{4}{3}w & (1) \\[3mm] \left(\dfrac{K_1}{L_1}\right)^{0.75} = \dfrac{1}{4r} & (2) \end{cases}$$

（1）式の両辺を3乗すると，

$$\left(\dfrac{K_1}{L_1}\right)^{0.75} = \left(\dfrac{4}{3}w\right)^3$$

（2）式と合わせて，$\left(\dfrac{4}{3}w\right)^3 = \dfrac{1}{4r}$ より，

$$\left(\dfrac{4}{3}\right)^3 = \dfrac{1}{4w^3r} \qquad (3)$$

になります。

財2部門の利潤は，

$$\Pi_2 = p^*y_2 - w^*L_2 - r^*K_2$$

$$= p^*K_2^{0.75}L_2^{0.25} - wL_2 - rK_2$$

利潤を最大化する条件は，

$$\begin{cases} \dfrac{\partial \Pi_2}{\partial L_2} = 0.25pK_2^{0.75}L_2^{-0.75} - w = 0 \\[3mm] \dfrac{\partial \Pi_2}{\partial K_2} = 0.75pK_2^{-0.25}L_2^{0.25} - r = 0 \end{cases}$$

一階の条件は，次のように変形できます。

第1章　これまでの貿易理論

$$\begin{cases} \left(\dfrac{K_2}{L_2}\right)^{0.75} = \dfrac{4w}{p} & (4) \\[2ex] \left(\dfrac{K_2}{L_2}\right)^{0.25} = \dfrac{3p}{4r} & (5) \end{cases}$$

（5）式の両辺を3乗すると，

$$\left(\frac{K_2}{L_2}\right)^{0.75} = \left(\frac{3p}{4r}\right)^3$$

これを（2）式と合わせると，$\left(\dfrac{3p}{4r}\right)^3 = \dfrac{4w}{p}$ より，

$$p^4 = \left(\frac{4}{3}\right)^3 r^3 4w$$

この式に，（3）式の $\left(\dfrac{4}{3}\right)^3 = \dfrac{1}{4w^3 r}$ を代入すると，

$$p = \left(\frac{w}{r}\right)^{-\frac{1}{2}} \qquad (6)$$

のような p と $\dfrac{w}{r}$ の関係式になります。

　ここで，ストルパー・サミュエルソン定理の帰結を検証してみましょう。ストルパー・サミュエルソン定理によると，p が上がる（つまり，資本集約的な財の価格が相対的に上がる）ときには，資本のレント r は増加するが，労働の賃金 w は低下します。（6）式より，資本集約的な財2の価格が相対的に増加したときに，レントが賃金より相対的に大きくなるのがわかります（例えば，r が増加し，w が低下すれば，$\dfrac{w}{r}$ も低下します）。

ヘクシャー・オリーン定理

　もし，両国において需要関数が同一で，財1部門：$D_{1j}=0.5*Y_j$，財2部門：$D_{2j}=0.5*Y_j$（但し，$j=A, B$）とします。自由貿易が行われるときに，A国はど

29

の財を輸出するでしょう。また，この場合の特化のパターンは，ヘクシャー・オリーン定理と整合性があるでしょうか。

生産関数が，

$$y_1 = K_1^{0.25} L_1^{0.75}$$
$$y_2 = K_2^{0.75} L_2^{0.25}$$

と与えられているので，財1は労働集約的財，財2は資本集約的財であることがわかります。

次に，23頁の式，

$$\frac{w}{r} = \frac{0.25 \times (1-b) + 0.75b}{0.75 \times (1-b) + 0.25b} * \frac{K}{L}$$

を利用しましょう。前問では，bを財iの消費が国民所得に占める割合と定義しました。本題では，$D_{1j}=0.5Y_j$，$D_{2j}=0.5Y_j$より，それぞれの国において，財1への消費は国民所得の半分，財2への消費も国民所得の半分なので，$b=0.5$となります。そこで，$b=0.5$を$\dfrac{w}{r} = \left[\dfrac{0.25(1-b)+0.75b}{0.75(1-b)+0.25b}\right] * \dfrac{K}{L}$に代入すると

$$\frac{w}{r} = \frac{0.25 * 0.5 + 0.75 * 0.5}{0.75 * 0.5 + 0.25 * 0.5} * \frac{K}{L} = \frac{K}{L} \tag{7}$$

になります。

（7）式に，各国の資源賦存量を代入すると，

A国では，

$$\frac{w_A}{r_A} = \frac{K_A}{L_A} = \frac{80}{80} = 1$$

B国では，

$$\frac{w_B}{r_B} = \frac{K_B}{L_B} = \frac{30}{70} = \frac{3}{7}$$

これらの値をそれぞれ（6）式に代入すると，

$$p_A = \left(\frac{w_A}{r_A}\right)^{-\frac{1}{2}} = (1)^{-\frac{1}{2}} = 1$$

$$p_B = \left(\frac{w_B}{r_B}\right)^{-\frac{1}{2}} = \left(\frac{3}{7}\right)^{-\frac{1}{2}} \cong 1.53$$

財1で測った財2の相対価格は $p_A < p_B$ です。これより，B国の方がA国より（財1で測った）財2の価格が高いことがわかります。要素賦存量を比べると，B国の方がA国より相対的に労働が豊富で資本が希少であることから，B国で作られる資本集約的な財2の相対価格が，A国で作られる資本集約的な財2の相対価格より高いことも納得がいきます。

自由貿易が始まると，B国は相対的に安く生産できる財1（労働集約的財）を輸出し，A国は相対的に安く生産できる財2（資本集約的財）を輸出します。ここで，$\frac{K_A}{L_A} > \frac{K_B}{L_B}$ からA国は相対的に資本が豊富な国であり，B国は相対的に労働が豊富な国であるので，この貿易パターンは，ヘクシャー・オリーン定理と整合性があります。

異なる嗜好

やはり2つの国が自由貿易をするのですが，各国で需要関数が異なっており，それぞれの国において需要関数が，A国：$D_{1A} = 0.25 Y_A$，B国：$D_{1B} = 0.9 Y_B$ のように与えられるとします。この場合，どちらの国がどの財を輸出するでしょうか。また，ヘクシャー・オリーン定理が成立しているかどうかを確認し，その理由を説明してみましょう。

A国とB国で嗜好が違う場合を考えます。$D_{1A} = 0.25 Y_A$ より $b_A = 0.25$（A国

における財1への消費は国民所得の25%），$D_{1B}=0.9Y_B$ より $b_B=0.9$（B国における財1への消費は国民所得の90%）となります。それぞれの b を代入すると

A国では，

$$\frac{w_A}{r_A}=\frac{0.25*0.75+0.75*0.25}{0.75*0.75+0.25*0.25}*\frac{K_A}{L_A}=\frac{3}{5}\frac{K_A}{L_A}=\frac{3}{5}$$

B国では，

$$\frac{w_B}{r_B}=\frac{0.25*0.1+0.75*0.9}{0.75*0.1+0.25*0.9}*\frac{K_B}{L_B}=\frac{7}{3}\frac{K_B}{L_B}=\frac{7}{3}*\frac{3}{7}=1$$

これらの賃金・レント比率をそれぞれ（6）式に代入すると，

$$p_A=\left(\frac{w_A}{r_A}\right)^{-\frac{1}{2}}=\left(\frac{3}{5}\right)^{-\frac{1}{2}}$$

$$p_B=\left(\frac{w_B}{r_B}\right)^{-\frac{1}{2}}=(1)^{-\frac{1}{2}}$$

財1で測った財2の相対価格は $p_A>p_B$ です。これより，A国の方がB国より（財1で測った）財2の価格が高いことがわかります。要素賦存量を比べると，B国の方がA国より相対的に労働が豊富で資本が希少であることから，A国で作られる資本集約的な財2の相対価格が，B国で作られる資本集約的な財2の相対価格より高いことは奇妙な事です。

自由貿易が始まると，A国は相対的に安く生産できる財1（労働集約的財）を輸出し，B国は相対的に安く生産できる財2（資本集約的財）を輸出します。ここで，$\dfrac{K_A}{L_A}>\dfrac{K_B}{L_B}$ からA国は相対的に資本が豊富な国であり，B国は相対的に労働が豊富な国であるので，この貿易パターンは，ヘクシャー・オリーン定理と整合性がないことになります。

H−Oモデルでは両国の嗜好が同じこと（ここでは両国の b が同じこと）が仮定されていますが，この問題のように異なる b の下では，ヘクシャー・オ

リーン定理が成立しないことがわかります。

資本移動と要素価格均等化定理

両国が貿易をやめ，代わりに両国間で資本移動が許されるとします。ただし，労働は依然として国境を越えて移動することはできません。両国において需要関数が同一で，財1部門：$D_{1j}=0.5^*Y_j$，財2部門：$D_{2j}=0.5^*Y_j$（但し，$j=A,B$）とします。もし，資本がレントの高い国へ移動するならば，それぞれの国における均衡について，賃金・レント比率および価格の観点から議論してみましょう。

A国では，

$$\frac{w_A}{r_A}=\frac{K_A}{L_A}=\frac{80}{80}=1$$

B国では，

$$\frac{w_B}{r_B}=\frac{K_B}{L_B}=\frac{30}{70}=\frac{3}{7}$$

より，資本が希少なB国では（資本への報酬である）レントが相対的に高いことがわかります。このため，A国の資本がB国に移動します。

これまでは，A国は財2（資本集約的財）を輸出しています。こうした貿易パターンは，財2（資本集約的財）に内包している資本を輸出していると考えることもできます。財の貿易がなく，資本移動が可能な場合には，財の輸出の代わりに，A国の資本がB国に移動するわけです。

資本が流入したB国ではレントが下がり，資本が流出したA国ではレントが上がるので，それぞれの国において，$\frac{w}{r}$ は $\frac{3}{7}$ と1の間に向かいます。このような資本移動は，資本が移動する誘因がなくなる $p_A=p_B$，つまり，$\frac{w_A}{r_A}=\frac{w_B}{r_B}$ まで続きます。両国間での資本移動が止まると均衡になります。

A国からの資本流出量を K とすると，

A国では，

$$\frac{w_A}{r_A} = \frac{K_A - K}{L_A} = \frac{80 - K}{80}$$

B国では，

$$\frac{w_B}{r_B} = \frac{K_B + K}{L_B} = \frac{30 + K}{70}$$

均衡では，$\dfrac{80 - K}{80} = \dfrac{30 + K}{70}$ より，資本流出量は，

$$K = \frac{64}{3}$$

均衡価格比は，

$$\frac{w_A}{r_A} = \frac{K_A - K}{L_A} = \frac{80 - \dfrac{64}{3}}{80} = \frac{11}{15} = \frac{w_B}{r_B}$$

となります。因みに，$\dfrac{3}{7} < \dfrac{11}{15} < 1$ も確認できます。

第2章	新しい貿易理論とは何か

　大学学部で習うような標準的な貿易理論は，国家間の違いに重点を置いていました。例えば，リカードモデルであればそれぞれの国の技術力の違い，ヘクシャー・オリーンモデルであればそれぞれの国の要素賦存量の違いです。それぞれの国には能力に違いがあり，貿易によってそれぞれの得意・不得意を補いあっている，というものです。国家間の違いに重点を置いている貿易論は，間違ったものでありません。しかし，現実で大部分を占めている先進国間の貿易パターンを考える場合には，あまり都合がよくありません。なぜなら，先進国間の要素賦存量や技術力は比較的似ており，先進国間の貿易では，同じ種類の財が取引されているからです。例えば，日本がトヨタやホンダなどの車をヨーロッパに輸出する，一方，ヨーロッパはフォルクスワーゲンやBMWなどの車を生産して輸出しています。こうした同じ産業内での貿易は，産業内貿易と呼ばれ，標準的な貿易理論では，うまく説明することができません。

　産業内貿易の説明に適しているのが，新しい貿易理論と呼ばれるものです。1980年代に展開された新しい貿易理論は，今までの貿易理論の枠組みに，産業組織論を取り入れた点が評価されています。その結果，完全競争を前提とした古典的なアプローチに対し，完全競争だけでなく，非完全競争市場における貿易を考えることができるようになり，議論の幅が広がりました。

1 規模の経済

1.1 大量生産の利益

　詳しい議論を始める前に，新しい貿易理論でのキーワードである，規模の経

表 2.1　生産技術

みかんまたはオレンジの 生産数	生産に必要な 労働量
1	6
2	10
3	12
4	14
5	16
6	18
7	20

済という概念について，簡単に復習をしておきましょう。例えば，財を生産する場合に使用する生産要素が，資本と労働であったとします。もし，資本と労働の投入量を同時に 2 倍にした場合，その生産量も 2 倍になるとき，規模に関して収穫一定と呼ばれます。これに対し，資本と労働の投入量を同時に 2 倍にした場合，生産量が 2 倍以上に増加するとき，規模に関して収穫逓増と呼ばれます。自動車のように，ある程度の初期投資が必要な生産過程では，生産規模を拡大すればするほど，生産量が増えていく場合があります。

　次の例題を一緒に解きながら，新しい貿易理論のエッセンスをみていきましょう。例えば，日本とアメリカの両国とも，市場規模，消費者の嗜好，生産技術水準が同じで，果物（みかんまたはオレンジ）の生産に関して，表 2.1 のような技術水準にあったとします。

　各国とも総労働者数が20人で，消費者は同数量のみかんとオレンジ（たとえば，両方とも 3 キロずつなど）を消費するとします。みかんばかり食べても飽きてしまうし，オレンジばかり食べても同様です。バランスよく両者を消費するような状況です。

　この状態は規模に関して収穫一定，それとも，規模に関して収穫逓増でしょうか。この問題では，生産要素が労働のみという単純な場合を考えています。表 2.1 によると，果物を 1 キロ生産するのに必要な労働者は 6 人です。もし，労働者の数を 2 倍の12人にしたら，表 2.1 より，3 キロの果物を生産できるこ

36

第 2 章　新しい貿易理論とは何か

とがわかります。労働投入量を 2 倍にしたときに，生産量が 2 倍以上に増加しているので，規模に関して収穫逓増のケースに相当します。

1.2　閉鎖経済と開放経済

　両国の間で貿易がない（閉鎖経済）場合，みかんとオレンジはそれぞれ何単位ずつ生産されるでしょう。各国とも，20人の労働者をそれぞれの生産に半分ずつ振り分けるので，みかんとオレンジの生産には，10人の労働者が割り当てられます。このとき，各国で，それぞれの果物を 2 キロずつ生産することができます。

　では，日本はどちらの財の生産に比較優位をもつでしょうか。どちらでもありません。上記の答えからおわかりのように，日本がアメリカと比べて，技術的にどちらかの果物の生産に適しているというわけではないからです。

　次に，日本がみかんの生産に完全特化し，アメリカがオレンジの生産に完全特化した場合，日本はみかんを何台生産することができるでしょう。日本は20人の労働者をすべてみかんの生産にまわせるので 7 キロ。同様に，アメリカも20人の労働者をすべてオレンジの生産にまわせるので 7 キロです。

　では，もし世界市場において，みかん 1 キロとオレンジ 1 キロが交換されるとします。閉鎖経済にくらべて，どちらかの国が貿易による利益を享受しますか。表 2.2 が示す通り，両国とも貿易による利益を享受します。閉鎖経済と開放経済をくらべてみると，両国とも貿易後の果物の消費量が，2 キロから3.5キロへ増えるためです。

　ここまでは，日本がみかんの生産に特化していますが，逆に，日本がオレンジの生産に特化する場合に，これまでの解答はどのように変わりますか。実は，変わりません。日本は，20人の労働者をすべて，オレンジの生産にまわせるので，7 キロを生産し，アメリカも20人の労働者をすべて，みかんの生産にまわせるので，7 キロを生産します。もし世界市場において，みかん 1 キロとオレンジ 1 キロが交換されるとすれば，両国とも貿易後の果物の消費量が 2 キロから3.5キロへ増え，両国とも貿易による利益を享受します。

37

表 2.2 貿易のメリット

〈開放経済〉

生産量

	みかん	オレンジ
日本	7	0
アメリカ	0	7

消費量

	みかん	オレンジ
日本	3.5	3.5
アメリカ	3.5	3.5

〈閉鎖経済〉

生産量＝消費量

	みかん	オレンジ
日本	2	2
アメリカ	2	2

消費量の比較

	貿易前		貿易後	
	みかん	オレンジ	みかん	オレンジ
日本	2	2	3.5	3.5
アメリカ	2	2	3.5	3.5

　この例題から学んで欲しいことは，規模の経済によるメリットです。閉鎖経済に比べて，開放経済，つまり，貿易がある場合の方がよい状態であることがわかります。この結論は，リカードモデルやヘクシャー・オリーンモデルと同じものです。ただ，その理由が違います。本章の例は，1つの国で2種類の財を別々に生産するより，1つの国で1種類の財を生産して，生産後にもう一方の財と交換して2種類の財を消費する方が効率のよいことを示しています。これは，生産過程が規模に関して収穫逓増であるためです。何種類もの財を別々につくるより，1つの財の生産に特化（完全特化）して，限られた労働（生産要素）を有効に活用すれば，大量に生産することができます。大量に生産した後，他国で生産された別の財と交換すれば，多様な財をより多く消費することができるようになるわけです。

　注意深い読者は，リカードモデルと同じではないかと疑問に思われたかもしれません。しかし，この例における特化のメリットは，リカードモデルのものとは異なります。リカードモデルでは，技術的に優位な（比較優位にある）財の生産に特化していました。一方，この例題における生産の特化は，規模の経済に基づくものです。したがって，両国の技術水準が同じであっても，特化のメリットは存在します。また，どちらの財（みかんもしくはオレンジ）の生産に特

化しても，結果は変わりません．さらに，どちらの財の生産に特化しても結果
が変わらないため，特化のパターンは歴史的な偶然で決まると解釈されていま
す．

　最後に，新しい貿易理論に基づくと，所得分配についてはどのようなことが
いえるでしょうか？　例えば，要素賦存量が貿易パターンを決めるヘク
シャー・オリーンモデルでは，資本が相対的に豊富な国が自由貿易をすると，
ストルパー・サミュエルソン定理により，資本家にはメリットがありますが，
労働者は不利益を被ります．新しい貿易理論についても同じことがいえるので
しょうか．答えは，貿易のパターンを考えればわかります．ヘクシャー・オ
リーンモデルでは，要素賦存量に基づき，どのような財を輸出するかを特定で
きます．そして，財市場での生産調整が要素市場へ与える影響として，ストル
パー・サミュエルソン定理を考えています．

　一方，新しい貿易理論では，みかんとオレンジの例題からもおわかりになる
ように，明確な貿易パターンを事前に特定することはできません．このため，
貿易の開始によって誰がメリットを受けるか（所得分配）は，あらかじめめわか
らないことになります．

② 独占的競争

2.1 製品の差別化

　新しい貿易論の大まかな考え方がわかりました．次に，そうした考えがどう
いう形で一般化されていくのか，つまり，数式で表されるのかをみていきます．
　ここでは独占的競争の簡単な数値例を用いて議論してみましょう．独占的競
争のモデルでは，①自社製品が差別化されており，わずかな価格差によって他
社に市場を奪われない（という意味で独占的），②自社の意思決定において競合
他社の価格を所与とする（自社の価格は他社の価格に影響しない）という設定のも
と，自己完結的な議論を行うことができます．一方，寡占の場合には，自社の
価格決定において他社の反応を考慮する必要があり，より複雑な議論になりま

す。寡占的な要素を導入した議論は第5章（保護貿易のメリットをみてみよう）で行います。

　1980年代以降，国際貿易論でよく使用されてきた独占的競争モデルは，規模の経済が貿易のメリットの源泉であることをうまく示してくれる点が評価されています。ただ，現実をうまくとらえているというより，分析のしやすさがメリットであるとも言われます。現実に独占的な競争が当てはまる産業はほとんどないといわれており，企業間の相互依存関係を考慮した寡占モデルの方が現実的と考えられています。

2.2　同質的な企業

　次のような数値を用いた例題を考えていきましょう。日本における半導体産業には，n社の同質的な企業があり，全体で900,000個（$=S$）の半導体を販売しているとします。1社当たりの需要が，

$$X = S\left[\frac{1}{n} - \frac{(P - P^{*})}{60}\right] \tag{1}$$

とします。Xは1社当たりの販売数，Sは半導体産業全体での総販売数，Pはそれぞれの企業が設定する価格，P^{*}はそれ以外の競合企業が設定する価格の平均価格とします。総販売数Sは，それ以外の競合企業が設定する価格の平均価格P^{*}に依存しないと仮定します。この仮定の下では，ある企業がマーケットシェアを増やすと，別の企業がマーケットシェアを減らします。つまり，一定の市場規模Sのうちで，マーケットシェアの奪い合いをしている状態です。

　それぞれの企業は，競争他社の価格を所与として行動するとします。総費用は$C = 1500000 + 10X$としましょう。

平均費用の性質

　まず，企業の生産量が増えると，平均費用が減ることをみてみましょう。

40

$$AC = \frac{C}{X} = \frac{1500000}{X} + 10 \tag{2}$$

（2）式より，$\dfrac{dAC}{dX} < 0$ となっています。ちなみに，規模に関して収穫逓増の場合には，生産量の増加とともに平均費用が逓減することが知られています。

企業数と平均費用

次に，多くの企業が存在すれば，半導体 1 個当たりの費用が高くなることを示してみます。ここでは同質的な企業を仮定しているので，均衡状態で各企業は同じ価格を設定します，つまり，$P = P^*$ となります。これを（1）式に代入すると，$X = \dfrac{S}{n}$ となります。900,000個（$=S$）であることに注意して，この X を（2）式に代入すると，

$$AC = \frac{1500000}{900000} \times n + 10$$

$$= \frac{5}{3} \times n + 10 \tag{2'}$$

$\dfrac{dAC}{dn} > 0$ となり，AC は n の増加関数であることがわかります。つまり，半導体産業内での企業数が増えれば増えるほど平均費用が大きくなり，規模の経済を享受できなくなっていることがわかります。

独占的競争モデルにおける均衡でのポイントは 2 つ。①企業の利潤最大化：$MR = MC$，②長期均衡で利潤が 0：$P = AC$ です。また，ここではすべての企業が対称として扱われます。

貿易前の均衡

需要関数を導き，代表的な企業の利潤最大化の条件を示してみましょう。また，均衡価格を計算してみます。

企業の利潤は，総収入－総費用ですから，

$$\Pi = P \cdot X - C \qquad\qquad (3)$$

$$X = S\left[\frac{1}{n} - \frac{(P-P^*)}{60}\right]$$

上記（1）式を P についてとくと，

$$P = 60\left(\frac{1}{n} - \frac{X}{S}\right) + P^* \qquad\qquad (4)$$

になります。（4）式の P を（3）式に代入すると，

$$\Pi = \left[60\left(\frac{1}{n} - \frac{X}{S}\right) + P^*\right]X - 1500000 - 10X$$

利潤最大化のための条件は，

$$\frac{d\Pi}{dX} = \frac{60}{n} - \frac{120}{S}X + P^* - 10 = 0$$

$$X = \frac{S}{2}\left(\frac{1}{n} - \frac{1}{6} + \frac{P^*}{60}\right) \qquad\qquad (5)$$

これが需要関数になります。

（5）式の X を（4）式に代入すると，

$$P = \frac{30}{n} + 5 + \frac{P^*}{2}$$

になります。

ここで，$P = P^*$（すべての企業は対称）を使うと，均衡価格は n だけの関数で表せます。

$$P = \frac{60}{n} + 10 \qquad\qquad (6)$$

42

$$\frac{dP}{dn} < 0$$

これより，半導体産業内における企業数が増えるほど競争が激しくなり，それぞれの企業が設定する価格は下がることになります。

【別解】

$TR = P \cdot X$ より，$MR = \dfrac{\partial TR}{\partial X} = P + \dfrac{\partial P}{\partial X} X$。ここで，$X = S\left[\dfrac{1}{n} - \dfrac{(P - P^*)}{60}\right]$ を P について解いて，$\dfrac{\partial P}{\partial X}$ を計算し，$P + \dfrac{\partial P}{\partial X} X$ に代入すると，$MR = P - \dfrac{60}{n}$ が得られます。

$$MR = P - \frac{60}{n}$$

$$MC = 10$$

ここで，$MR = MC$（限界収入 ＝ 限界費用）より，少し計算すると同様の解を導くことができます。

長期均衡

さらに，均衡における企業数及び長期の均衡価格を求めてみましょう。長期均衡では超過利潤が 0 になるので（なぜなら，超過利潤が 0 になると，企業の市場への参入が無くなるので），$\Pi = 0$ が成立しています。

$$\Pi = \left[60\left(\frac{1}{n} - \frac{X}{S}\right) + P^*\right]X - 1500000 - 10X = 0$$

この式を解いてもよいのですが複雑な計算になるので，ここでは近道をして $P = AC$ を使います。（2'）式と（6）式より，$P = AC$ は次のように表すことができます。

$$\frac{60}{n}+10=\frac{5}{3}\times n+10$$

$$n^2=36$$

ここで，企業数である n は正の数（負の数とはならない）ので，

$$n^*=6$$

この時，均衡価格は，

$$P^*=\frac{60}{6}+10=20$$

となります。

【別解】

（2）式と（6）式より，$P=AC$ は次のように表わされます。

$$\frac{60}{n}+10=\frac{1500000}{X}+10$$

$$3X=75000n$$

これを（5）式に代入します。

$$\frac{3S}{2}\left(\frac{1}{n}-\frac{1}{6}+\frac{P^*}{60}\right)=75000n$$

ここで，$S=900000$ 及び $P=P^*$ より（6）式を代入すると，

$$\frac{2700000}{2}\left[\frac{1}{n}-\frac{1}{6}+\frac{1}{60}\left(\frac{60}{n}+10\right)\right]=75000n$$

これより，$n_A^*=6$，$P_A^*=\dfrac{60}{6}+10=20$ となります。これ以降は 2 つの国を取り扱うので，日本を表す場合には添え字の A を使用します。

第2章 新しい貿易理論とは何か

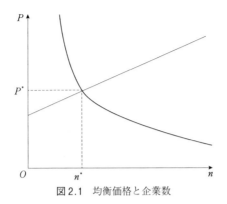

図2.1 均衡価格と企業数

貿易相手国の導入

一方,アメリカでは1,600,000台の車を販売しているとします。アメリカにおける均衡企業数及び均衡価格を,日本の同様にして解いてみましょう。

$P=AC$ の関係を使います。まず,AC に関しては,

$$AC = \frac{C}{X} = \frac{1500000}{X} + 10$$

ここで,$X = \frac{S}{n}$ より,$S=1,600,000$ 個であることに注意して,この X を AC 式に代入すると,$\frac{15}{16} \times n + 10$ となります。

$$\begin{cases} P_B = 10 + \dfrac{60}{n_B} \\ AC = \dfrac{15}{16} \times n_B + 10 \end{cases}$$

最後に,$P=AC$ より,企業数 n_B は $n_B^* = 8$,均衡価格は $P_B^* = \dfrac{60}{8} + 10 = 17.5$ と求まります。これ以降は,アメリカを表す場合には添え字の B を使用します。価格と企業数の関係を表した図2.1において,2つの線の交わる点が均衡に相当しています。

45

【別解】

$n_A^2 = 36$ 及び $S_B = \dfrac{16}{9} S_A$ より，$n_B^2 = 36 \times \dfrac{16}{9}$ としても同様の解を求めることができます。

貿易後の均衡

　両国が半導体の貿易をするとします。貿易の費用を考慮する必要がないとすると，統合された市場では2,500,000（＝1,600,000＋900,000）個の半導体が販売されます。均衡における企業数及び長期の均衡価格を求めてみましょう。

　近道をすると，$S_I = \dfrac{25}{9} S_A$ より，$n_I^2 = 36 \times \dfrac{25}{9}$ となります。ここで，統合された市場を表す場合には添え字の I を使用します。すると，均衡は次のように求まります。

$$n_I^* = 10$$
$$P_I^* = 16$$

【別解】

　$P = AC$ を使用しても，同様の企業数 n_I が求まります。

$$\begin{cases} P_I = 10 + \dfrac{60}{n_I} \\ AC = 0.6 \times n_I + 10 \end{cases}$$

貿易前と貿易後の比較

　最後に，貿易前と貿易後の状態を比べ，どちらの状態が好ましいか表2.3を見ながら議論してみましょう。比べてみると，①同じ総生産量ですが，②価格は低下し，③企業数（つまり，製品の種類）が増えています。日本ではもともと6種類の財しか消費できなかったのが，貿易後は10種類も消費できるようになっています。また，アメリカではもともと8種類の財しか消費できなかったのが，貿易後は10種類も消費できるようになっています。

第 2 章　新しい貿易理論とは何か

表2.3　貿易前後の比較

	日本（貿易前）	アメリカ（貿易前）	貿易後
均衡企業数	6	8	10
均衡価格	20	17.5	16

　市場統合後に貿易を行うことによって，消費者はより多くの種類の製品を，貿易前より安い価格で買うことができるので，貿易のメリットがあることがわかります。つまり，貿易によって厚生が改善することを，数式を含む数値例を用いて示そうとしたのが，この例題の意図です。

　少し詳しく見てみましょう。消費する財の種類が増加することはどこからわかるでしょうか。貿易前には，それぞれの国，例えば，日本（A）には企業が6社しかありませんから，6種類の財しか消費できていません。同様に，アメリカ（B）には8社の企業しかありませんから，8種類の財しか消費できていません。ここで，企業数＝財の種類という事実は，①規模の経済が働いており，②各社が差別化された財を生産しているときには，ある企業1が種類1と種類2という2種類の財を生産するより，どちらか1種類の財だけを作った方が，高い利潤を得られることから納得できると思います。この企業数＝財の種類という考え方は，後述するより複雑なモデルにおいても使用されています。

　一方，貿易開始後は，10社の企業によって生産されたものを，いずれの国でも消費できるので，10種類の財を消費していることになります。ここでは，それぞれの種類の財の生産は，日本またはアメリカのどちらかに一極集中させ，他国に輸出している状態になっています。

　次に，均衡価格を比べてみると，貿易前は日本で20，アメリカで17.5だったのが，貿易後には16に下がっています。なぜかと言うと，規模の経済が生じるような技術のもとでは，ある種類の財の生産を一極集中させて生産規模を拡大すると，平均費用が下がるため，財を安く提供できるようになるわけです。これがこの問題のポイントになります。

　従って，貿易を始めることによって，多くの種類の財をより安い価格で消費できるため，消費者の厚生が改善することになるのです。

47

ここでの問題は限界費用が 10 のように数値を使用していましたが，少し上級のレベルになると，具体的な数字を使わず，a や b などのように記号を使って表すようになります。抽象的な記号を使うと，より一般的な議論ができるからです。つまり，限界費用を a と表して解を求めれば，$a=10$ や $a=16$ のように，限界費用がどのような数値に変わっても，当初示した結果があてはまるわけです。そこで，抽象的な記号を使って，これまでの議論を一般化していきましょう。

③　多様な財の消費

3.1　消費者の効用最大化

　モデルが複雑になってくるといろいろ困惑することもあるでしょう。ただ，落ち着いてよく見てみると，ほとんどの場合，次のような枠組みになっていることに気が付かれると思います。

　まず，需要側の議論（消費者）から始まり，次に，供給側の議論（企業），最後に，市場（消費と生産）です。需要の議論では，①消費者は効用を最大化すると定式化され，それを解きます。同様に，供給の議論では，②企業が利潤最大化すると定式化され，それを解いていくことになります。最後に，市場の議論では，③需要と供給が一致するという条件式を解くことで，均衡が求められます。どのモデルでも大概その繰り返しです。こうした点を頭に入れておかれると，どのモデルを見ても，何をしているかが何となくわかり，読みやすくなると思います。

　いろいろなモデルのバリエーションがありますが，やっていることはすべて同じです。数式が複雑になっても，こうしたプロセスにおいて，数式を解いているだけに過ぎません。数式の展開に気を取られすぎるよりも，内容を理解することの方が大切なように思います。

　ディクシット・スティグリッツ型効用関数を見る前に，まず，企業（生産）の議論がない簡単な例題を使用して，ラグランジュ未定乗数法について学ぶこ

とから始めましょう。

ラグランジュ未定乗数法

　日本におにぎりと柿の2財があります。それぞれのサルはおにぎり1つ，それぞれのカニは柿1つを持っているとします。すべての消費者（サルとカニ）の嗜好は同じで，次のような効用関数で表されています。

$$U(A, B) = AB^2$$

　但し，A はおにぎりの消費量，B は柿の消費量です。日本には，2,000匹のサルと6,000匹のカニがいます。P_A をおにぎり1つの価格，P_B を柿1つの価格としましょう。

　サル及びカニのおにぎりと柿の需要量を求め，それぞれの効用水準を計算してみます。

　まず，サルについて考えましょう。サルの予算制約は，

$$P_A \cdot A + P_B \cdot B = P_A \cdot 1 = P_A \tag{1}$$

となります。サルの効用を最大化する問題は，次のように定式化されます。

$$Max \ U = AB^2$$

$$s.t. \ P_A \cdot A + P_B \cdot B = P_A$$

サルの需要関数を求めるため，ラグランジュ未定乗数法を使用します。

$$\mathcal{L} = AB^2 + \lambda(P_A - P_A \cdot A - P_B \cdot B)$$

$$\frac{\partial \mathcal{L}}{\partial A} = B^2 - \lambda P_A = 0 \tag{2}$$

$$\frac{\partial \mathcal{L}}{\partial B} = 2AB - \lambda P_B = 0 \tag{3}$$

（2）式より，$\lambda = \dfrac{B^2}{P_A}$。$\lambda = \dfrac{B^2}{P_A}$ を（3）式を代入すると，

49

$$2AB - \frac{B^2}{P_A} P_B = 0 \qquad (4)$$

ここで（1）式より,

$$A = 1 - \frac{P_B}{P_A} \cdot B \qquad (5)$$

（5）式を（4）式に代入すると,

$$2B\left(1 - \frac{P_B}{P_A} \cdot B\right) - \frac{B^2}{P_A} P_B = 0$$

上式を解くと,

$$B = \frac{2}{3} \frac{P_A}{P_B} \qquad (6)$$

が得られます。（6）式を（5）式に代入すると,

$$A = \frac{1}{3} \qquad (7)$$

が求められます。サルの需要関数は,

$$\begin{cases} A = \dfrac{1}{3} \\ B = \dfrac{2}{3} \dfrac{P_A}{P_B} \end{cases}$$

となります。

同様に, カニの予算制約は,

$$P_A \cdot A + P_B \cdot B = P_B \cdot 1 \qquad (8)$$

50

となります。カニの効用を最大化する問題は，次のように定式化されます。

$$Max \ U = AB^2$$

$$s.t. \ P_A \cdot A + P_B \cdot B = P_B$$

カニの需要関数を求めるため，ラグランジュ未定乗数法を使用します。

$$\mathcal{L} = AB^2 + \lambda(P_B - P_A \cdot A - P_B \cdot B)$$

$$\frac{\partial \mathcal{L}}{\partial A} = B^2 - \lambda P_A = 0 \tag{9}$$

$$\frac{\partial \mathcal{L}}{\partial B} = 2AB - \lambda P_B = 0 \tag{10}$$

（9）式から $\lambda = \dfrac{B^2}{P_A}$ となります。この $\lambda = \dfrac{B^2}{P_A}$ を（10）式を代入すると，

$$2AB - \frac{B^2}{P_A}P_B = 0 \tag{11}$$

（8）式より，

$$A = \frac{P_B}{P_A} - \frac{P_B}{P_A} \cdot B \tag{12}$$

(12)式を（11）式に代入すると，

$$2B\left(\frac{P_B}{P_A} - \frac{P_B}{P_A} \cdot B\right) - \frac{B^2}{P_A}P_B = 0$$

上式を解くと，

$$B = \frac{2}{3} \tag{13}$$

が得られます。(13)式を（12）式に代入すると，

$$A = \frac{1}{3}\frac{P_B}{P_A}$$

が求められます。カニの需要関数は,

$$\begin{cases} A = \dfrac{1}{3}\dfrac{P_B}{P_A} \\ B = \dfrac{2}{3} \end{cases}$$

となります。

市場均衡

最後に,市場均衡では,$S=D$(需要＝供給)を用いると,2,000匹いるサルがおにぎりを1つずつ持っており(左辺),1匹のサルはおにぎりを $\frac{1}{3}$ 消費し,サル全体では $\frac{1}{3}\cdot 2000$ のおにぎりを消費,また,1匹のカニはおにぎりを $\frac{1}{3}\frac{P_B}{P_A}$ 消費し,カニ全体では $\frac{1}{3}\frac{P_B}{P_A}\cdot 6000$ のおにぎりを消費します(右辺)。

$$2000\cdot 1 = \frac{1}{3}\cdot 2000 + \frac{1}{3}\frac{P_B}{P_A}\cdot 6000 \tag{14}$$

同様に,6,000匹いるカニが柿を1つずつ持っており(左辺),1匹のサルは柿を $\frac{2}{3}\frac{P_A}{P_B}$ 消費し,サル全体では $\frac{2}{3}\frac{P_A}{P_B}\cdot 2000$ の柿を消費,また,1匹のカニは柿を $\frac{2}{3}$ 消費し,カニ全体では $\frac{2}{3}\cdot 6000$ の柿を消費します(右辺)。

$$6000\cdot 1 = \frac{2}{3}\frac{P_A}{P_B}\cdot 2000 + \frac{2}{3}\cdot 6000 \tag{15}$$

(14)式,もしくは(15)式より,

$$\frac{P_A}{P_B} = \frac{3}{2}$$

と同じ結果が求められます。$\dfrac{P_A}{P_B}=\dfrac{3}{2}\left(\dfrac{P_B}{P_A}=\dfrac{2}{3}\right)$をサルとカニのそれぞれの需要関数や効用関数に代入すると,

$$\text{サル}: A=\frac{1}{3} \quad B=1 \quad U_A=AB^2=\frac{1}{3}$$

$$\text{カニ}: A=\frac{2}{9} \quad B=\frac{2}{3} \quad U_B=AB^2=\frac{8}{81}$$

となります。

3.2　ディクシット・スティグリッツ型効用関数

では,国際貿易や産業組織論等の応用ミクロ経済学だけでなく,ミクロ経済学の基礎に基づいたマクロ経済学を含め,経済学全般においてよく使われるディクシット・スティグリッツ型効用関数（簡略版）モデルについてみていきましょう。

積分が入っていて少し難しそうに見えますが,アイディアが分かれば,後は計算だけですから,そんなに難しく考える必要はありません。やっていることはまったく同じです。消費者は効用最大化,企業は利潤最大化,最後に市場において需要と供給が一致します。

需要——消費者の理論

まず,需要の観点から消費者の議論をします。イメージのわきやすい離散型の財の種類（企業数）の効用関数から始めましょう。

（1）離散型

代表的消費者の効用関数が,

$$U(q)=\left(\sum_{\omega=1}^{n} q(\omega)^{\rho}\right)^{\frac{1}{\rho}} \quad 0<\rho<1$$

ここで，$q(\omega)$ は種類 ω の財の消費量，n は（対称的に）差別化された財の種類の数，ρ は代替の指数とします。

初級の経済学で学習する効用関数と少し違っているのは，財の種類 ω が入ることです。初歩の効用関数は，1つの財 q だけ，もしくは2種類の財を使用して $U=q_1q_2$ などとして表されますが，ここではいくつもの種類を考慮するので，そうした種類をまとめて ω として表しています。種類1が $\omega=1$，種類2が $\omega=2$，種類3が $\omega=3$，……といったイメージです。つまり，$q\equiv(q(1), q(2), q(3), ..., q(n-1), q(n))$ と表されます。ここで，効用は，$q_1+q_2+q_3+q_4+q_5+q_6$……（正確には，$q_1^\rho+q_2^\rho+q_3^\rho+q_4^\rho+q_5^\rho$……）のようにすべての種類の財の消費を足し合わせたものになっています。

予算制約式は，

$$\sum_{\omega=1}^{n} p(\omega)q(\omega)=I$$

それぞれの種類の財について価格×数量をすべて集計したものが，所得 I として表されます。$p_1q_1+p_2q_2+p_3q_3+$……（1種類目の価格×1種類目の財の消費＋2種類目の価格×2種類目の財の消費＋……）といったイメージで，それらを全部足し合わせたものが所得になります。

効用最大化問題は，

$$max \quad U(q) \ s.t. \ \sum_{\omega=1}^{n} p(\omega)q(\omega)=I$$

となります。

（2）連続型

ここからは問題を解きながら説明していきましょう。

代表的消費者の効用関数が，

$$U=\left(\int_0^n q(\omega)^\rho d\omega\right)^{\frac{1}{\rho}} \quad 0<\rho<1 \tag{1}$$

ディクシット・スティグリッツ型効用関数簡略版と表されるとします。但し，

$q(\omega)$ は種類 ω の財の消費量，n は消費者が利用可能な種類の集まり，ρ は代替の指数とします。ここでもいくつもの種類を考慮するので，そうした種類をまとめて ω として表しています。

先ほどまでと表記が違うと思われたかもしれません。もし，前述のように種類が 1 や 2，3 などのように数えられて（離散：discrete），全部で100種類ある場合には，$\sum_{1}^{100}$ と表されたりします。ただ，種類が非常に多くあるような場合には，種類 1，種類 2，種類 3 のような 1 つひとつの点ではなく，（それぞれの点が無数につらなる）線がイメージできます。種類 1 と種類 2 の間に，種類 1.001，種類 1.002，種類 1.003 のように細分化された種類がぎっしり詰まっているイメージ（連続：continuous）です。積分 $\int$ の場合には，種類を連続的にとらえ，種類は無限となります。しかし，種類を連続的にとらえるか，離散的にとらえるかは便宜上の問題で，その意図はあまり変わりません。今後学習されるときに，どちらの表記であっても戸惑わないように，本章でも直感的な離散の場合から始め，連続の場合について記述しています。また，離散の場合には，$q_1+q_2+q_3\cdots\cdots$ のようにすべての種類について足し合わせていくのですが，連続の場合には，$\int d\omega$ と積分を取ること（いろんな種類が 0 から n までの線分にびっしりと詰まっている場合の面積を意味します）によって，離散の場合の足し算と同じようなことをしています。様々な種類の財を消費した場合に得られる効用という意味では，基本的に同じです。

本章で大事なことは，1 種類の財だけを消費するより，いろいろな種類の財の組み合わせを消費する方が，消費者の効用が高まる（love of variety）ということです。前節の数値例では，こうした考え方が，みかんとオレンジを半分ずつ消費するという形で表されていました。また，同質な企業の場合には生産量が対称になるということで，半分ずつになっていました。

次に，予算制約線は，

$$\int_{0}^{n} p(\omega)q(\omega)d\omega = I$$

それぞれの種類の財について価格×数量をすべて集計したものが，所得 I として表されます。離散ではないのですが，イメージ的に分かりやすく言うと，

$p_1q_1 + p_2q_2 + p_3q_3 + \cdots\cdots$（1種類目の価格×1種類目の財の消費＋2種類目の価格×2種類目の財の消費＋……）となり，それらを全部足し合わせたものが所得になります。

消費者の問題は，この予算内でいろいろな種類の財の消費を集計してあらわされる効用を最大化しましょうという意味になります。意味が分かればそんなにびっくりすることはありませんね。

マーシャルの需要関数

では，マーシャルの需要関数を解いて，次のように表されることを確認してみましょう。

$$q(\omega) = p(\omega)^{-\sigma} P^{\sigma-1} I = \left(\frac{p(\omega)}{P}\right)^{-\sigma} \frac{I}{P}$$

但し，$P \equiv \left(\int_0^n p(\omega)^{1-\sigma} d\omega\right)^{\frac{1}{1-\sigma}}$ とします。

ヒントは，まず，種類2（ω_2 と表記します）に対するマーシャルの需要関数を，

$$q(\omega_2) = \frac{I p(\omega_2)^{-\sigma}}{\int_0^n p(\omega_1)^{1-\sigma} d\omega_1}$$

と求めることから始めてみましょう。但し，ω_1, ω_2 はそれぞれ種類1，種類2を表し，$\sigma \equiv \dfrac{1}{1-\rho}$ とします。

制約条件付き最適化問題

一緒に解いてみましょう。制約条件付き最適化の問題ですから，ラグランジュの未定乗数法を使用します。ラグランジアンを $\mathcal{L} = U^\rho - \lambda\left(\int_0^n p(\omega)q(\omega)d\omega - I\right)$ と設定し，それを財の消費量について微分したものを $=0$ として解くだけです。ここで U ではなく U^ρ としてあるのは，計算を簡単にするためです。U^ρ は U を単調増加させる変形なので，どちらで解いても同じ最適化解となります。すると，一階の条件は，

$$\frac{\partial \mathcal{L}}{\partial q(\omega)} = \rho q(\omega)^{\rho-1} - \lambda p(\omega) = 0$$

この式は，

$$q(\omega) = \left(\frac{\lambda p(\omega)}{\rho}\right)^{\frac{1}{\rho-1}} \tag{2}$$

のように書き換えられます（フリッシュの需要関数）。代表的消費者は，それぞれの種類 ω について，消費量 $q(\omega)$ を選びます。ここで，（2）式はどのような種類にも当てはまるので，種類 1（ω_1）と種類 2（ω_2）の場合を見てみましょう。種類 1（ω_1）の（2）式と種類 2（ω_2）の（2）式の比をとると，

$$\frac{q(\omega_1)}{q(\omega_2)} = \left(\frac{p(\omega_1)}{p(\omega_2)}\right)^{\frac{1}{\rho-1}} \tag{3}$$

と表されます。比率をとると，λ が消えた式になります。ここで，代替の弾力性 $\sigma \equiv \dfrac{1}{1-\rho}$ と表すことにします。代替の弾力性は，価格比が 1 ％変化したときに，財の消費比率が何％変化するかを表しています（ペプシとコーラの消費を考えている時に，ペプシの相対価格が下がったら，コーラの購入をやめてペプシに変えることです）。

（3）式より，

$$\sigma = -\frac{d\ln\left(\dfrac{q(\omega_1)}{q(\omega_2)}\right)}{d\ln\left(\dfrac{p(\omega_1)}{p(\omega_2)}\right)}$$

は一定となり，代替の弾力性が一定である CES 需要関数であることがわかります。

（3）式は，

$$q(\omega_1) = q(\omega_2) \left(\frac{p(\omega_1)}{p(\omega_2)} \right)^{-\sigma}$$

と書き換えられます。さらに，両辺に，$p(\omega_1)$ をかけて ω_1 について積分をとると，

$$\int_0^n p(\omega_1) q(\omega_1) d\omega_1 = \int_0^n q(\omega_2) p(\omega_1)^{1-\sigma} p(\omega_2)^{\sigma} d\omega_1$$

ここで，左辺は消費者の総支出です。したがって，所得と書き換えることができる（なぜなら，総支出＝所得）ので，

$$I = q(\omega_2) p(\omega_2)^{\sigma} \int_0^n p(\omega_1)^{1-\sigma} d\omega_1$$

となります。したがって，種類 2 に対するマーシャルの需要関数は，

$$q(\omega_2) = \frac{I p(\omega_2)^{-\sigma}}{\int_0^n p(\omega_1)^{1-\sigma} d\omega_1}$$

と記すことができます。

ここで，すべての種類の財の価格の指数を，

$$P \equiv \left(\int_0^n p(\omega)^{1-\sigma} d\omega \right)^{\frac{1}{1-\sigma}}$$

と定義します。ここではいろいろな種類の財があるため，それに対応してそれぞれの価格があります。すべての財をバスケットにまとめた場合の合成財に対する価格のようなものとして価格指数 P と表すのです。消費者物価指数みたいなイメージでしょうか。すると，マーシャルの需要関数は，

$$q(\omega) = p(\omega)^{-\sigma} P^{\sigma-1} I = \left(\frac{p(\omega)}{P} \right)^{-\sigma} \frac{I}{P} \tag{4}$$

となります。

生活費の指数

次に，P が生活費の指数であることを議論してみましょう。

（4）式を（1）式に代入すると，

$$U = \left(\int_0^n q(\omega)^\rho d\omega \right)^{\frac{1}{\rho}}$$

$$= \left(\int_0^n p(\omega)^{1-\sigma} I^\rho P^{(\sigma-1)\rho} d\omega \right)^{\frac{1}{\rho}}$$

$$= IP^{\sigma-1} \left(\int_0^n p(\omega)^{1-\sigma} d\omega \right)^{\frac{\sigma}{\sigma-1}}$$

$$= IP^{\sigma-1} P^{-\sigma}$$

$$= \frac{I}{P}$$

効用は所得を物価で割った実質所得のようになります。これは直感的に理解できるでしょう。1財の場合には，所得を価格で割るとその財の消費量になります。ここではいろいろな種類がありますが，いくつもある種類を1つのバスケットに入れて合成財を作り，その合成財をどれだけ消費したかによって効用の水準が決まるようなかたちになります。もしくは，所得はすべて支出されることから，I を支出で置き換えることによって，実質支出（財の消費）によって効用が生み出されていることが確認できます。

効用の性質

また，効用 U は n 及び σ の増加関数であることを示してみましょう。

全ての種類が同じ価格 p であり，そのため同じ数量 q が消費されるとします。すると，$I = \int_0^n pq d\omega$ と書くことができ，さらに，$I = npq$ となり，これを変形すると $q = \frac{I}{np}$ と書くことができます。この q を（1）式に代入して，

59

$\sigma = \dfrac{1}{1-\rho}$ （または, $\rho = \dfrac{\sigma-1}{\sigma}$ ）を使うと,

$$U = \left(\int_0^n q(\omega)^\rho d\omega \right)^{\frac{1}{\rho}} = \left(n \left(\frac{I}{np} \right)^\rho \right)^{\frac{1}{\rho}} = \frac{n^{\frac{1-\rho}{\rho}} I}{p} = \frac{n^{\frac{1}{\sigma-1}} I}{p}$$

効用 U が n（及び σ）の増加関数であることがわかります。つまり, <u>財の種類が増えれば増えるほど効用が上がります</u>。多種類を好むなどと呼ばれます。

供給——生産者の理論

次に, 供給側に話を移して, 企業の行動を考えてみましょう。ここでの議論は積分が入ってないので, 少し馴染みやすいかもしれません。前の問題と同じく, ①規模に関して収穫逓増がポイントです。また, 独占的競争における②長期均衡では利潤が 0 になります。超過利潤が生じる限り, 参入が起こるからです。さらに, ③消費者は, 多くの種類の財を消費できると効用が増すように設定されています。

まず, ①からみていきましょう。一番簡単な方法してよく使われているのは, 限界費用だけでなく, 固定費用を入れると平均費用が下がるというやり方です。固定費用と一定である限界費用を含む財の生産を想定すると, 生産量の増加に対して平均費用が減少するので, 規模に関して収穫逓増を導入できます。そこで, 労働需要関数が,

$$l(q) = f + cq$$

とします。但し, l は需要される労働量, f は生産における固定費用, c は一定である限界費用です。前の例題で言えば, $f = 1500000$, $c = 10$ であったものが, f や c に置き変わっただけです。前の例題でイメージをつかんでいるので, こちらも抵抗なくすんなりお分かりになるかもしれません。

ここで, 範囲の経済が働いていないと仮定すると, 1 企業がいろいろな種類の財を生産することはありません。消費者は多種類の財を消費したいので, それぞれの企業は, 他企業と同じ種類の財を生産して, 他企業との競争に巻き込

まれて利潤を減らすよりも，独自の種類の財だけを生産するでしょう。1つの企業が何種類もの財を作るよりも，1種類の財に特化して作った方が得になるのです。前の例題においても，規模の経済が働いているため，1つの国がオレンジとみかんを両方作るよりも，どちらか1つの生産に特化したほうが良かったことを思い出してください。同じ考え方です。前の例題は国単位であるのに対し，ここでは一国中にいくつかの企業がある場合ですが，理屈は同じで，1企業が1種類の財しか作らない状態になっています。その結果，企業と財の種類は対応することになります。つまり，企業数と財の種類は同義になります。

企業は利潤最大化を図って行動します。企業の利潤 π は，売上から費用を差し引いたものになります。

企業の利潤は，

$$\pi = pq - wcq - wf$$

と表されます。但し，w は賃金とします。売上は，価格 p ×数量 q －賃金 w ×労働投入量 $l(q)$ になりますが，ここで $l(q)$ は $f + cq$ と表されるため，$-wcq - wf$ になっています。

価格の設定

ここで，価格 p を，

$$p = \frac{wc}{\rho}$$

と導出してみてください。但し，$\rho = \dfrac{\sigma - 1}{\sigma}$ です。

価格をどのようにして求めればよいかですが，π を p に関して微分して0と置いたものを解けばよいことになります。一階の条件は，

$$\frac{\partial \pi}{\partial p} = q + (p - wc)\frac{\partial q}{\partial p} = 0$$

61

$$p = wc + \frac{-q}{\dfrac{\partial q}{\partial p}} \tag{5}$$

　企業がどのような価格 p を設定するかは，（連続した企業の存在を想定しているので）価格指数 P に影響を与えない事に気を付けながら，マーシャルの需要関数（4）式を使って $\dfrac{\partial q}{\partial p}$ を計算します。積分をご存知の方は，（連続した企業）より，技術的に価格指数 P に影響を与えないこと（＝測度ゼロ）がお分かりになると思いますが，直感的には各企業は産業全体では非常に小さく影響力がないということです。すると，

$$\frac{\partial q}{\partial p} = -\sigma p^{-\sigma-1} P^{\sigma-1} I$$

これより，

$$\frac{-q}{\dfrac{\partial q}{\partial p}} = \frac{-p^{-\sigma} P^{\sigma-1} I}{-\sigma p^{-\sigma-1} P^{\sigma-1} I} = \frac{p}{\sigma}$$

この式を（5）式に代入し，$\rho = \dfrac{\sigma-1}{\sigma}$ を使うと，

$$p = wc + \frac{p}{\sigma}$$

$$p\left(\frac{\sigma-1}{\sigma}\right) = wc$$

$$p = \frac{wc}{\rho}$$

となります。最終的には価格は，賃金，限界費用と弾力性によって表されることになります。

価格と費用の関係

この最適価格 p は，費用とどのような関係にあるでしょうか。マークアップという用語を使って説明してみましょう。また，p は他企業の価格戦略とどのような関係があるでしょうか。

$p=\dfrac{wc}{\rho}$ より，最適価格は，費用 wc にマークアップ $\dfrac{1}{\rho}$ を課す形になります。費用に一定割合をかけたものが価格になる場合，その一定割合がマークアップと呼ばれます。このような価格付けは，このモデルの特徴になっています。また，$p=\dfrac{wc}{\rho}$ より，最適な価格は他企業の価格とは独立に決まります。

長期均衡

さらに，自由参入がある場合，

$$q=\frac{f}{c}(\sigma-1)$$

として表されることを示してみましょう。

もし，既存の企業が超過利潤を稼得していれば，長期的には新たな企業が市場に参入してきます。こうした参入は，超過利潤が 0 になるまで続きます。このため，$\pi=0$ とおいて，その式に上記最適価格を代入して，解くことになります。

$$\pi=pq-wcq-wf$$

$$=qwc\left(\frac{1}{\rho}-1\right)-wf=0$$

$$q=\frac{f}{c}(\sigma-1)$$

短期的な独占的競争市場においては超過利潤が生じても構いません。ただ，その利潤は，新たな企業の市場参入を招きます。

このように，新しい企業が参入してくると，競争がより激しくなるため，利

潤が下がります。市場においてどの企業も超過利潤を得られなくなるまで企業
による市場参入は続き，新たな企業による市場参入が止まるのは，超過利潤が
0になる場合です。これが，独占的競争市場の長期均衡になります。こうした
点を考慮して，利潤 $\pi=0$ となっているのです。

生産量の性質

　最後に，q は f や σ とどのような関係にあるでしょう。それぞれの意味につ
いて説明してみましょう。まず，

$$\frac{\partial q}{\partial \sigma} = \frac{f}{c} > 0$$

q は σ の増加関数です。次に，

$$\frac{\partial q}{\partial f} = \frac{1}{c}(\sigma - 1) > 0$$

q は f の増加関数です。なぜなら，$0 < \rho < 1$ と $\sigma \equiv \dfrac{1}{1-\rho}$ より，$\sigma > 1$ だか
らです。これは以下の議論からわかります。

$$\rho \to 0 \quad \Leftrightarrow \quad 1-\rho \to 1 \quad \Leftrightarrow \quad \sigma \to 1$$

$$\rho \to 1 \quad \Leftrightarrow \quad 1-\rho \to 0 \quad \Leftrightarrow \quad \sigma \to \infty$$

　q は σ の増加関数より，代替の弾力性が大きくなるほど生産量が増えます。
代替の弾力性が大きいということは，マークアップ $\dfrac{1}{\rho}$ が低くなるということ
です。また，q は f の増加関数より，固定費用が大きくなるほど，生産量が増
えます。企業は低い儲けや高い費用に対応して採算を合わせるために，より多
く生産しなければいけないということです。

　これまでの議論を理解できれば，あとはあまり心配することはありません。
複雑なモデルも，これまで学習した基礎的なモデルの変形にすぎないからです。
計算を解いていく手順がこのようなプロセスだとつかめれば，第3章からの数

第2章　新しい貿易理論とは何か

式展開が，全部自分で解けなくてもそんなに気にしないで大丈夫です。むしろ，
いろいろなモデルの前提条件やそれらのモデルより導かれる結果の解釈に重点
を置きながら読み進めてみてください。

第3章	実証分析の理論について学ぼう

　貿易理論がうまく現実を説明しているかどうかを検証するためには，データを使って検証しないといけません（これを実証分析といいます）。本章では，貿易理論でよく使われる実証分析の方法をみていきましょう。簡単な回帰分析の考え方からはじめて，実証分析でよく使用される重力式によるアプローチを学びます。

　経済規模の大きな国家間では貿易が多く，距離が離れている国家間では貿易が少ないという重力式は，現実における二国間の貿易の変化をかなりうまく説明してきたとされています。その一方で，古いタイプの重力式は単なる統計的な関係であり，その関係を正当化する経済理論による裏付けがないため，批判もされてきました。例えば，i 国と j 国の間の貿易のように，二国間の貿易関係に焦点を当てているため，もし i 国と k 国の間の関税が低下したら，i 国と j 国の間の貿易にどのような影響を与えるかといった質問に答えられなかったのです。これでは，政策などを議論するときに不都合です。このため，こうした問題点に対応できる理論的な根拠を伴う重力モデルが提唱されるようになりました。本章では，今もなお頻繁に使用されている古いタイプの重力式による経済理論なき実証分析の問題点を指摘し，理論と整合性のある実証という近年の展開をご紹介しながら，どのような形で推定を行えばよいのかについて見ていきます。

第3章　実証分析の理論について学ぼう

① 実証分析の基礎

1.1　モデルのフィット

　最初は，基本的な回帰分析について説明します。回帰分析の具体的なイメージを持つために，簡単な例から始めましょう。例えば，消費と所得にはどのような関係があるかを調べるために，100人のデータを取ったとします。図3.1は100人分のデータを，横軸が所得で，縦軸が消費量を示したものです。

　年間所得が200万円の人は年間消費が150万円というように，それぞれの点が一人ひとりのデータを示しています。100人分のデータがあった場合，そのすべてのデータを図に描くと，消費と所得の関係がある程度見えてきます。所得が上がれば消費も上がることが，図にするだけで分かるわけです。ただ，詳細な議論をしたい場合には，このような図を描くだけでは十分でありません。では，どうしたらよいでしょう。

　実は，図3.1に含まれている情報を数式で表わすと，もっといろんな事がわかります。例えば，「消費＝30万＋0.6×所得」のように数式で表現すると，所得が200万円の場合は，200×0.6＋30万円より消費量は150万円というように，もっと具体的な議論することができるようになります。ここで30万や0.6はどういう意味があるかについて考えてみましょう。人間は所得がなくとも消費しないと死んでしまいます。30万は所得がゼロの場合でも必要な1年間の消費です。一方，0.6は限界消費性向と呼ばれ，所得が1万円増えたら，消費が6,000円増えるということを意味します。このように，数式にするといろいろ情報が得られます。この30万や0.6を推定する作業が回帰分析です。

　回帰分析を説明する前に，もう少し複雑な例を考えていきましょう。みなさんご存知のように，消費（需要）はいろんな要因によって決められています。いくらお金があるのか（所得）だけではなく，モノの値段（価格）も重要です。例えば，ランチにおにぎりを買う場合には，サンドウィッチの値段も気になるでしょう。サンドウィッチがおにぎりより安ければ，サンドウィッチを買うか

67

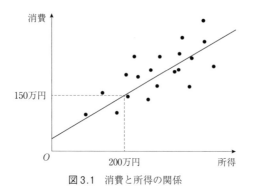

図 3.1　消費と所得の関係

もしれないからです。このように，おにぎりの需要 D は，所得 I，おにぎりの価格（財の価格）P_o，サンドウィッチの価格（代替財の価格）P_s や嗜好で決められます。これを数式で表すと，

$$D = \alpha + \beta_1 \times P_o + \beta_2 \times P_s + \beta_3 \times I + e$$

となります。e は誤差項といって，それ以外のエラーのようなものです。これまでは所得の項だけでしたが，考慮する要素が3つに増えました。

ここで，データを使用すると，以下のような結果が得られたとします。

$$D = 100 - 0.5 P_o + 0.2 P_s + 0.6 I$$

この式で $\beta_1 = -0.5$，つまり，おにぎりの価格と需要量の関係は -0.5 なっています。符号がマイナスとはどういう意味でしょう。これは価格が上がると需要量が減ることを意味します。おにぎりが10円値上がりすると，おにぎりの需要が5単位減ることになります。同様に，$\beta_3 = 0.6$ と符号がプラスとはどういう意味でしょう。所得が上がれば，財の需要が増えることを意味します。所得が10円上がると，おにぎりの需要が6単位増えることになります。

このように，推定結果を用いると，様々な要素と消費の関係を議論することができるようになります。

データを使って推定したら，次のような結果が出ました。その有用性を判定

第3章　実証分析の理論について学ぼう

しなければいけません。どうしたらよいでしょう。

　判定するために，よく使われるものとして，R^2 と t 値の2つがあります。

$$D=\alpha-0.5P_o+0.2P_s+0.6I \qquad R^2=0.82$$
$$(3.1) \quad (0.8) \quad (2.3)$$

なお，括弧内の数字は t 値を表しています。

　R^2 とは，この式全体がよい結果かどうかを見るもので，0から1までの値をとります。例えば，R^2 が0.82だとすると，おにぎりの価格，サンドウィッチの価格，所得の3つの要因で，おにぎりの需要の82％を説明できるというように使います（もう少し付け加えると，3つの要因で需要の82％を説明するということは，残り18％は別の要因によるということになります）。

　R^2 は高ければ高いほど，その推定式が全体として好ましい結果を表していることになります。R^2 についてもう少し補足しておきましょう。たとえば，R^2 が0.3であれば，3つの要因で需要の30％しか説明できないことになります。では，R^2 を上げるには，どうしたらよいでしょう。R^2 が0.3ということは，需要の70％は別の要因によって説明されることになり，別の要因を探さないといけません。たとえば，天気が良いと外出の機会が増え，おにぎりの需要が増えるかもしれません。こうした別の要因である天気を加えると R^2 は上がります。つまり，R^2 を上げたければ項目を増やしてあげればよいことになります。

　ただ，いっぱい項目を増やせばよいかというとそうでもありません。なるべく簡潔な式でおにぎりの需要を表した方が望ましいのです。確かに，天候など他の要因を入れれば，R^2 が上がります。しかし，データ収集・入力に係る労力の割には，R^2 が0.82から0.825へあがるだけのように，その効果は限定的かもしれません。天候を加えることによって，おにぎりの需要の要因分析にたったの0.5％しか寄与しないのです。このような場合には，天候を加えるメリットはあまりないでしょう。実は，こうした点をうまく考慮したものに，adjusted R^2 というものがあります。

　一方，t 値とは，それぞれの個別の要因に意味があるかを見るものです。た

69

とえば，おにぎりの価格がおにぎりの需要に与える影響を推定した -0.5 が
もっともらしいかどうか見るために，t 値を使います。細かい説明は統計学の
本に譲りますが，通常，t 値の絶対値をとって 2 より大きければ，その推定値
はもっともらしいと考えられます。ここでは，3.1>2 のため，-0.5 という推
定値はもっともらしいとされます。つまり，おにぎりの価格は，おにぎりの需
要を説明する重要な要因ということになります。

　では，サンドウィッチの価格とおにぎりの需要の関係についてはどんなこと
がいえるでしょう。この値が 0.8 のように小さい場合には，サンドウィッチの
価格はおにぎりの需要を説明するのに重要な要因ではない（両者は関係がない）
ということになります。因みに，R^2 は 0 から 1 までの値しかとりませんが，t
値はいろんな値を取り得ます。一応，t 値の絶対値が 2 より大きいというのが，
一つの目安です。

1.2　回帰分析の考え方

　データが入手できれば，上記で見たような β_1，β_2 等がそれぞれ推定できま
す。統計ソフトを使うと，こうした計算はすべてコンピューターがやってくれ
るのですが，最後にどのように計算されているか，その考え方について少し触
れておきましょう。

　最初の消費と所得の関係を考えましょう（図 3.2）。たとえば，データがこの
ような形で与えられたとき，①の数式と②の数式どちらのほうがデータをうま
く要約していますか。

　答えは①です。数式①のように，より点に沿った形で数値を推定したほうが，
所得が上がれば消費も上がるという両者の関係をよりよく表せます。少し厳密
に言えば，実際の点と線との距離を考え，この距離が短いほうがよいというの
が回帰分析の考え方です。

　この際，点がその線の上にあるか下にあるかによって，距離がプラスになっ
たり，マイナスになったりします（図 3.3）。距離をはかる上で，こうしたプラ
スとマイナスを調整してあげなければいけません。例えば，その距離を 2 乗す

第 3 章　実証分析の理論について学ぼう

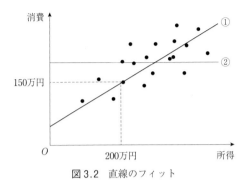

図 3.2　直線のフィット

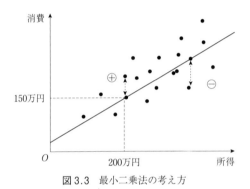

図 3.3　最小二乗法の考え方

ると，点の位置によらず，距離の意味合いを保ってくれます。そこで，すべての点において 2 乗した距離を求め，これらを足し合わせて総距離とし，総距離をできるだけ短くするように，β_1, β_2, β_3 等を推定する方法は，最小二乗法（OLS）と呼ばれています。実際の政策分析では，最小二乗法のような単純な手法が使われることはないかもしれませんが，計量手法の大まかな考え方がわかっていただけたと思います。

　本節での関係式は非常に単純なものですが，もう少し役に立つ関係式は，すべての変数の前に対数 ln をつけたものです。なぜ ln 変換するかというと，ln 変換した後の係数は，弾力性（elasticity）を表しているからです。このため，ln 変換した形でデータを使うことが多くあります。

$$\ln D = A + B_1 \times \ln P_o + B_2 \times \ln P_s + B_3 \times \ln I + e$$

B_3 は所得弾力性，B_1 は価格弾力性，B_2 は交差弾力性（似たような財＝サンドウィッチの価格の変化によって，おにぎりの需要がどのように変わるか）を表しています。たとえば，所得が 1 ％上昇したときに，おにぎりの需要が B_3％増加するのように使います。

これまでの議論を，需要を輸入，おにぎりをお米，サンドウィッチを小麦，所得を GDP と読み替えて，一国の貿易としてみてみましょう。データを使って推定したら，次のような結果が出ました。

$$\ln D = 50 - 0.3\ln P_o + 0.2\ln P_s + 0.06\ln I$$

この式で $B_1 = -0.3$ とはどういう意味でしょう。これは，お米の価格が 1 ％上昇したときに，お米の輸入が0.3％減少するということです。実は，国際貿易においては，このように対数をとって推定することが大変多くあります。

これまでの説明だけでは実際に分析するときのイメージがわきにくいかもしれません。では，データはどのような形になっているのでしょう。

一国のデータであれば，例えば，表3.1 のようになっています。

表3.1　時系列データ

米の輸入	米の価格	小麦の価格	GDP	年　度
20	3	6	20	2000
34	4	5	21	2001
41	5	6	22	2002
13	12	1	23	2003
37	2.3	3	26	2004
108	1.5	15	30	2005
47	3.1	7	28	2006
22	4.5	5	27	2007

また，ある年度におけるいろいろな国のデータ（クロスセクション）であれば，

第 3 章　実証分析の理論について学ぼう

表 3.2 のようになっています。

表 3.2　クロスセクションデータ

年　度	米の輸入	米の価格	小麦の価格	GDP	国　　名
2000	20	3	8	20	日　本
2000	134	2	2	24	中　国
2000	21	2	2	28	アメリカ
2000	3	3	3	18	ド イ ツ
2000	7	5	4	13	フランス
2000	10	2.3	6	8	イギリス
2000	7	6	7	3	イタリア
2000	12	4.5	3	1	ロ シ ア

　複数の年度にわたって，いろいろな国のデータがある（パネル）場合には，表 3.3 のようになっています。

表 3.3　パネルデータ

米の輸入	米の価格	小麦の価格	GDP	年　度	国　　名
20	3	6	20	2000	日　本
34	4	5	21	2001	日　本
41	5	6	22	2002	日　本
3	3	3	18	2000	ド イ ツ
3.5	2.6	2.6	19	2001	ド イ ツ
2.8	3.1	2.8	20	2002	ド イ ツ
21	2	2	28	2000	アメリカ
27	1.8	2.1	30	2001	アメリカ
24	1.9	2	29	2002	アメリカ

　但し，これらはあくまでもイメージを持つために設定された仮の数値です。また，実際には，このような簡単なモデルを使用して貿易の分析を行うことはほとんどありません。では，実際にどのような分析を行うかについて，次節以降で見ていきましょう。

73

2 重力モデルとは何か

2.1 伝統的な重力式

　貿易論における実証分析では，重力式を適用したアプローチがよく使用されてきました。なぜでしょう。実は，リカードモデルやヘクシャー・オリーンモデルなどの古典的な貿易理論は，貿易の源泉を議論するのに有用でしたが，複数の貿易相手や二国間の貿易費用を扱うような一般化が難しいことで知られています。

　しかし，現実にはこうした要素を考慮する必要があり，古典的な貿易理論は実証分析にうまくなじみません。このため，貿易の実証分析では，ニュートンの万有引力の法則にちなんだ重力式と呼ばれる統計モデルが使われてきました。経済規模の大きな国家間では貿易が多く，距離が離れている国家間では貿易が少ないというものです。

　こうした伝統的な重力式は二国間の貿易のフローの変化をかなりよく説明してきたとされています。その一方で，伝統的な重力式はもともと統計的な関係として提案されたものであり，その関係を正当化する経済理論がなかったため，反事実的な質問にうまく対応できないという批判がありました。例えば，もし i 国と k 国の間の関税が低下したら，i 国と j 国の間の貿易はどうなるかといった質問に答えられなかったのです。本節では経済理論なき実証分析から，経済理論と整合性のある実証分析への流れを見ていきます。

元祖重力式

　まず，重力モデルの基本的な考え方から始めましょう。元祖重力式とは，i 国から j 国への総貿易フロー X_{ij} は，送出し国の GDP である Y_i と受入れ国の GDP である Y_j の積に比例し，両国間の距離 D_{ij} に反比例するというものです。

$$X_{ij} = \alpha \frac{Y_i \times Y_j}{D_{ij}}$$

第 3 章　実証分析の理論について学ぼう

　ここで，α は定数です。GDP が大きいほど貿易は増え，距離が離れている
ほど貿易は減ります。

一般的な重力式

　こうした関係は，より一般的に以下のような式で表されます。

$$X_{ij} = K_{ij} \gamma_i \delta_j \tag{1}$$

　ここで，K_{ij} は i 国と j 国の間の貿易抵抗・貿易抑止（resistance）の指標，γ_i
は送出し国（輸出国）の規模，δ_j は受入れ国（輸入国）の規模を表します。

　上記 2 つの重力式では，それぞれ，

$$D_{ij} \qquad K_{ij}$$
$$Y_i \qquad \gamma_i$$
$$Y_j \qquad \delta_j$$

が対応しています。

　ここで，K_{ij} のイメージがわかないかもしれません。具体例としては，例え
ば，貿易協定の有無，使用言語の共通性や植民地支配などが挙げられます。貿
易協定を結んでいたり，共通の言語を使用していたりする場合には，貿易が円
滑に行われると考えられます。また，歴史的に植民地統治・支配の関係にあっ
た国家間では，使用言語，文化並びに統治機構等において類似性が見られるこ
とも多く，貿易が円滑に行われると考えられます。

　貿易における「国境のパズル」と呼ばれるものについてみてみましょう。例
えば，アメリカとカナダの間のように，自由貿易協定が結ばれ，どちらの国で
も英語を話すなど，貿易障壁がかなり取り除かれていると思われる場合を考え
ます。同じ距離にもかかわらず，カナダ国内のブリティッシュ・コロンビア州
とアルバータ州間の貿易は，カナダのブリティッシュ・コロンビア州とアメリ
カのワシントン州間の貿易より多くなっています。つまり，国境をまたぐ取引
は，同じ距離で貿易障壁の影響も大きくないと思われるにもかかわらず，遠く
離れた地域との貿易のように抑止されているというパズルが生じているのです。

75

このため，K_{ij} には国境を接しているかどうかのダミー変数を入れたりします。

2.2 従来の推定の問題点

では，こうしたモデルはどうやって推定するのでしょうか。最近までは，貿易抵抗・貿易抑止を表す K_{ij} が距離，共通言語並びに国境の共有などの観察された二国間の変数 T_{ij} の線形関数 $K_{ij}=T_{ij}\beta+\varepsilon_{ij}$ として仮定され，

$$\ln X_{ij}=T_{ij}\beta+\ln Y_i+\ln Y_j \tag{2}$$

を回帰分析して β を推定する伝統的な重力推定量がよく用いられていました。

元祖重力式の具体例

では，元祖重力式を使って，(2)式のように表すとどうなるでしょう。
$X_{ij}=\alpha\dfrac{Y_i\times Y_j}{D_{ij}}$ 式の両辺に対数を取ると，$\ln X_{ij}=\ln\alpha+\ln Y_i+\ln Y_j-\ln D_{ij}$ となります。この式に，(距離以外の) i 国と j 国の間の貿易抵抗・貿易抑止の指標 K_{ij} と誤差項 e_{ij} を追加すると，

$$\ln X_{ij}=\ln\alpha+\ln Y_i+\ln Y_j-\ln D_{ij}+T_{ij}\beta+e_{ij}$$

と表されます。但し，$\ln\alpha$ は定数です。

数式だけ見ていても重力モデルの具体的なイメージがわからないかもません。例を用いて説明してみましょう。

例えば，2017年における108か国のクロスセクションデータを伝統的な重力モデルを使って分析するとしましょう。108×107＝11556 ペアの二国間輸出のフローがサンプル数を構成しますが，そのうち，二国間で輸出がない場合を除くと，サンプル数が 8,762 になったとします。伝統的な重力モデルは次のように表されます。

$\ln$ (i国からj国への輸出)＝定数 ＋a×$\ln$ (i国の GDP)＋b×$\ln$ (j国の GDP)＋c×$\ln$ (i国とj国の距離)＋f×国境

第 3 章　実証分析の理論について学ぼう

表 3.4　伝統的な重力モデル

	ln (i 国から j 国への輸出)
ln GDPi	0.9 0.01
ln GDPj	0.8 0.01
ln 距離	-1.5 0.01
国境近接ダミー	0.2 0.02
共通言語ダミー	0.8 0.06
植民地関係ダミー	0.6 0.03
貿易協定	0.8 0.03
サンプル数	8762

近接ダミー＋g×共通言語ダミー＋h×植民
地関係ダミー＋k×貿易協定ダミー＋誤差項

　次に，この式を用いて分析した結果が表 3.4 のようになったとします。但し，
同表では定数の推定値を省略しています。

　表 3.4 において，ln GDPi の右側の数値 0.9 は a の推定値，その下の 0.01 は
標準誤差を表しています。同様に，GDPj の右側の数値 0.8 は b の推定値，そ
の下の 0.01 は標準誤差を表しています。ln GDPi の右側の数値 0.9 は，i 国の
GDP が 1 ％ポイント増加すると，i 国から j 国への輸出が0.9％増加すると解釈
できます。また，距離が 1 ％ポイント増加すると，i 国から j 国への輸出が
1.5％減少すると解釈できます。

　それ以外にも，例えば，共通言語ダミーとは，両方の国で公用語や第 2 言語
として英語を使うというように，共通の言語を使用していれば，1，そうでな

ければ，0というダミー変数を用いて分析したものです。例えば，中国と日本の間では0，カナダとアメリカの間では1となります。gの推定値が$0.8 > 0$ということは，共通の言語を使用していれば，そうでない場合よりも，二国間の貿易が増えることを意味しています。もう少し詳しく説明すると，共通言語を使用していれば，使用していない場合よりも，23％多く貿易をすることがわかります（$\text{Exp}(0.8) - 1 = 1.23$）。

上記重力モデルの問題点について考えてみましょう。こうした重力式は，現実の二国間貿易フローの変化を大変よく説明してきました。しかし，その関係を正当化する経済理論がなかったため，反事実的な質問にうまく対応できませんでした。

①例えば，もし，i国とk国の間で特恵貿易協定が締結され，両者間で関税が低下したら，i国とj国の間の貿易はどうなるかといった質問に答えられなかったのです。こうした例には，学部レベルで学習する貿易創出や貿易転換を含みます。もし，i国とk国の間で関税が低下したら，経済理論上i国とj国の間の貿易にも影響があると考えられますが，伝統的な重力式では，

$$\frac{\partial \ln X_{ij}}{\partial \ln K_{ik}} = 0$$

となり，影響がないという奇妙なことになっているのです。それ以外にも，②原油価格が下落した場合の貿易への影響のように，貿易費用が国内貿易を含めすべての貿易ルートに対して均等に低下する場合もうまく分析できません。伝統的な重力式では，原油価格の下落は，国内を含むすべての地域の輸送費用を低下させ，すべての二国間貿易を均等に（比例的に）増加させることになります。しかし，経済理論的には，こうした貿易費用の変化にもかかわらず相対価格が変化しないのであれば，GDPを所与とすると消費パターンも一定のはずです。やはり，一般的な経済理論と整合性がないことになります。

そこで，ここからは，経済理論との整合性を持たせたアプローチを見ていきましょう。

2.3 理論的根拠を伴う重力モデル

　様々な理論に基づいた重力モデルが提唱されていますが，理論的根拠を伴う重力モデルとして最も基本的とされているのは，Anderson and van Wincoop（2003）の重力モデルです。ここでは，そのモデルの概略を説明していきましょう。

　基本的には需要関数である Anderson and van Wincoop（2003）の重力モデルは，その最終形態を消費者の嗜好に対して CES（代替の弾力性が一定）としていることにかなり依拠しています。需要面では多種類の財の消費を好み，供給面では，それぞれの企業が，規模に関する収穫逓増のもと，差別化された財を生産します（クルーグマンモデルの独占的競争の設定）。均衡では，価格と限界費用の差が市場参入の固定費用をカバーするように，一定のマークアップによる価格付けになります。企業は国内市場と国際市場の両方に販売を行い，国内販売では輸送費用が生じませんが，国際貿易では輸送費用が生じるため，販売価格がその分高くなります。それぞれの企業の輸出量は，その国のすべての企業について合計され，一国の輸出の総価値が導き出されます。その過程で，マクロ経済学の均等式を使用します。これにより，産業連関がないような一産業部門の経済において，すべての生産の合計が GDP になります。

　重力式は，

$$\ln X_{ij} = \ln Y_i + \ln E_j - \ln Y$$
$$+ (1-\sigma)(\ln K_{ij} - 外向的多国的貿易抵抗 - 内向的多国的貿易抵抗)$$

と表されます。但し，X_{ij} は i 国から j 国への輸出，Y_i は i 国の GDP，E_j は j 国の支出（全部門を合計した一国の場合には E_j は GDP（$=Y_j$）となります），Y は全世界 GDP（すべての国の GDP を合計したもの），σ は財の種類間の代替の弾力性，K_{ij} は二国間の貿易費用になります。また，外向的多国的貿易抵抗（outward multilateral resistance）の項は，i 国から j 国への輸出が，可能性のあるすべての輸出市場の貿易費用に依存していることを捉えようとしています。同様に，内向的多国的貿易抵抗（inward multilateral resistance）の項は，i 国から j 国への輸入が，可能性のあるすべての供給者の貿易費用に依存していることを捉え

ようとしています。これらの項目が入ることにより，すべての二国間の貿易費用が考慮されて，

$$\left(\frac{\partial \ln X_{ij}}{\partial \ln K_{ik}} \neq 0 \right)$$

となり，理論的な根拠を伴わない伝統的な重力式で指摘されていたような相対価格効果の問題が解決されます。多国的貿易抵抗 の項を含まない伝統的な重力式は，計量経済的には欠損変数バイアス問題があったことになります。

　さらに，この式は，部門毎にも適用でき，その場合には，すべての文字に部門の添え字 k をつけることになります。例えば，X_{ij}^k は k 部門における i 国から j 国への輸出，E_j^k は k 部門に対する j 国の支出（GDP と必ずしも同じではない），σ^k は k 部門内における財の種類間の代替の弾力性となります。

　理論的根拠に基づいた重力式をみるとさまざまなことがわかります。①理論的根拠を伴わない伝統的な重力式では，よく二国間の輸出と輸入の合計の対数や両方向の輸出の平均の対数をとった従属変数を利用していましたが，理論的根拠に基づく重力式をみると，一方向の輸出フローに適用されるべきことがわかります。つまり，日本からアメリカへの輸出とアメリカから日本への輸出は別々に取り扱うことになります。②貿易の価値や GDP は，実質ではなく名目で扱われるべきです。なぜなら，特別な価格指数である 2 つの多国的貿易抵抗によって，輸出や GDP が実質的に物価調整されているからです。また，輸出や GDP を CPI や GDP デフレーターを使用して物価調整しても，多国的貿易抵抗の項目を十分にとらえることはできないため，誤った推定を行う可能性があります。この区別は，クロスセクションの重力モデルでは問題となりませんが，時系列が入る場合には注意が必要です。③部門毎の重力モデルでは，GDP ではなく，部門の支出や生産のデータを使うことが理想的です。但し，実際には難しいため，GDP を代理変数として使います。④1 人当たり GDP ではなく，集計された GDP（aggregate GDP）を使うべきです。古い文献の重力モデルの推定では，人口や 1 人当たり GDP を使っているものもありますが，

これらの使用は避けるべきです。⑤モデルを推定するときには，代替の弾力性と貿易費用の弾力性を別々には区別できません。

多国的貿易抵抗

（2）式のようにして求められる伝統的な重力推定量の問題点について，多国的貿易抵抗という概念を用いて説明してみましょう。ここでは，（経済理論と整合性を持った）構造的な重力式を導入し，伝統的な重力推定と構造的な重力式を比較していきます。両者を比較することより，伝統的な重力推定量の問題点が明らかになります。

理論と推定の整合性を見るために，構造的な重力式を見ることから始めましょう。そのため，貿易や財市場での均衡条件を導入します。まず，重力式と貿易均衡条件を合わせると，受入れ国の固定効果 δ_j は，その所得 Y_j とそれ以外すべての送出し国の固定効果の関数として記述できます。

貿易均衡条件：$Y_j = \sum_{i \in S} X_{ij}$

ここで，（1）式 $X_{ij} = K_{ij} \gamma_i \delta_j$ より，

$$Y_j = \sum_{i \in S} K_{ij} \gamma_i \delta_j$$

この式は次のように書き換えられます。

$$\delta_j = \frac{Y_j}{\sum_{i \in S} K_{ij} \gamma_i}$$

この式を再び重力式 $X_{ij} = K_{ij} \gamma_i \delta_j$ に代入すると，二国間の貿易フローは送出し国の固定効果だけに依存する形になります。

$$X_{ij} = \frac{K_{ij} \gamma_i}{\sum_{k \in S} K_{kj} \gamma_k} Y_j \tag{3}$$

さらに，この式を，財市場均衡条件に代入すると，送出し国の固定効果 γ_i を，送出し国の所得 Y_i とそれ以外すべての送出し国の固定効果の関数として記述できます。

財市場均衡条件： $Y_i = \sum_{j \in S} X_{ij}$

$$Y_i = \sum_{j \in S} \frac{K_{ij}\gamma_i}{\sum_{k \in S} K_{kj}\gamma_k} Y_j$$

この式は次のように書き換えられます。

$$\gamma_i = \frac{Y_i}{\sum_{j \in S} \dfrac{K_{ij}}{\sum_{k \in S} K_{kj}\gamma_k} Y_j}$$

最後に，この式を重力式（3）に代入すると，二国間の貿易フローは，（外生的に与えられる）二国間 i 国と j 国の貿易抵抗 K_{ij}，送出し国と受入れ国の所得，並びに二国間の貿易抵抗の指標の関数として表されます。

$X_{ij} = \dfrac{K_{ij}\gamma_i}{\sum_{k \in S} K_{kj}\gamma_k} Y_j$ より，

$$X_{ij} = K_{ij} \times \frac{Y_i}{\left(\sum_{j \in S} \dfrac{K_{ij}}{\sum_{k \in S} K_{kj}\gamma_k} Y_j \right)} \times \frac{Y_j}{\sum_{k \in S} K_{kj}\gamma_k}$$

この式は次のように書き換えられます。

$$X_{ij} = K_{ij} \times \frac{Y_i}{\sum_{k \in S} K_{ik} \dfrac{Y_k}{\prod_k}} \times \frac{Y_j}{\prod_j} \tag{4}$$

但し，$\prod_j \equiv \sum_{k \in S} K_{kj}\gamma_k$ と定義します。（4）式を構造的な重力式と呼びます。構造的な重力式では，二国間の貿易フロー X_{ij} は，貿易抵抗 K_{ij}，送出し国と受入れ国の所得（それぞれ Y_i と Y_j），並びに二国間の貿易抵抗の指標（$\prod_j$ または $\sum_{k \in S} K_{ik} \dfrac{Y_k}{\prod_k}$）の関数として表されています。貿易抵抗の指標である項目は，ざっくりといえば，日本とアメリカの貿易関係は，日本と中国や日本とロシアなど

と貿易関係を考慮して決まるということを意味しています。

次に，伝統的な重力推定（2）式を構造的な重力式（4）式と比べてみましょう。伝統的な重力推定では，$\prod_j$ または $\sum_{k \in S} K_{ik} \dfrac{Y_k}{\prod_k}$（多国的貿易抵抗の観点）が抜け落ちていることがわかります。つまり，これらの項目を含まない伝統的な重力推定では，欠落変数バイアス（omitted variable bias）の問題が生じているわけです。また，j 国とそれ以外の世界の国との間の平均 j 国貿易抵抗に依存している $\prod_j \equiv \sum_{k \in S} K_{kj} \gamma_k$ は K_{ij} と相関があるので，β はバイアス推定値となってしまいます。つまり，<u>貿易費用を推定するためには，伝統的な重力推定量（2）式を使用すべきではない</u>ことになります。

また，貿易抵抗費用と輸出量の関係について，もう少し詳しく見てみましょう。構造的な重力式は，

$$X_{ij} = \frac{K_{ij} \dfrac{Y_j}{\prod_j}}{\sum_{k \in S} K_{ik} \dfrac{Y_k}{\prod_k}} \times Y_i$$

と書き直せるので，i 国から j 国への貿易フロー X_{ij} は，$K_{ij} \dfrac{Y_j}{\prod_j}$ が（それ以外の国々に関連した）$K_{ik} \dfrac{Y_k}{\prod_k}$ に対して，どの程度大きいかによります。ここで，$\prod_j \equiv \sum_{k \in S} K_{kj} \gamma_k$ と定義されるため，平均よりも低い K_{kj} である受入れ国ほど，$\prod_j$ も小さくなり，i 国 $\in S$ は，これらの受入れ国に，総貿易のうち，より多くの割合を輸出することになります。つまり，<u>貿易抵抗費用が低い国への輸出は多い</u>ということです。こうした議論は，Anderson and van Wincoop（2003）では多国的貿易抵抗または多国的貿易抑止（multilateral resistance）として言及されています。

固定効果重力推定量

伝統的な重力推定量（2）式が問題のあることは分かりました。では，どのような推定量を使用したらよいのでしょう。よく使用されているのは，伝統的

83

な重力推定量の対数 ln をとった固定効果重力推定量です。

$$\ln X_{ij} = \ln K_{ij} + \ln \gamma_i + \ln \delta_j$$

もし，$\ln K_{ij} = \mathbf{T}_{ij}\beta + \varepsilon_{ij}$ と仮定すると，上記式は，

$$\ln X_{ij} = \mathbf{T}_{ij}\beta + \ln \gamma_i + \ln \delta_j + \varepsilon_{ij} \tag{5}$$

となります。（5）式を固定効果重力推定量と呼びます。$\mathbf{T}_{ij}$ は観察できますし，i 国と j 国それぞれについてダミー変数を入れれば，$\ln \gamma_i$ と $\ln \delta_j$ は推定できます。固定効果重力推定量を使えば，β の一致推定量が得られますし，γ_i と δ_j についても，ダミー変数の係数から一致推定量が得られます。

　では，固定効果重力推定量に不十分な点はないのでしょうか。このモデルの重力式では，推定において均衡条件を課していないため，<u>推定値が財市場の均衡や貿易の均衡を保証しない所</u>にあるとされます。詳しく見てみましょう。推定値の指数関数を取ると，

$$\hat{\gamma}_i \equiv \exp\left(\ln \hat{\gamma}_i\right)$$

$$\widehat{K_{ij}} \equiv \exp\left(\mathbf{T}_{ij}\hat{\beta}\right)$$

のように，元の固定効果や二国間の貿易費用の予測値を得られます。これを $\prod_j \equiv \sum_{k \in S} K_{kj}\gamma_k$ に代入すると，

$$\widehat{\prod}_j \equiv \sum_{k \in S} \widehat{K_{kj}}\hat{\gamma}_k = \sum_{k \in S} \exp\left(\mathbf{T}_{kj}\hat{\beta} + \ln \hat{\gamma}_k\right)$$

のように，受入れ先の多国的貿易抵抗の項の推定値を得られます。さらに，これを利用すると，元の多国的貿易抵抗の項 $\sum_{k \in S} \widehat{K_{ik}} \dfrac{Y_k}{\widehat{\prod}_k}$ を求めることができます。

　ここで，この導出には<u>受入れ国の固定効果 δ_j の推定値を使用していないこと</u>に気が付かれたでしょうか。均衡条件のもとでは，重力式を導出するのに，固定効果 δ_j の推定値がいらないのです。上記多国的貿易抵抗の説明における貿易均衡条件の所で見たように，$\delta_j = \dfrac{Y_j}{\sum_{i \in S} K_{ij}\gamma_i}$ となって，受入れ国の固定効果 δ_j

は，送出し国の固定効果 γ_i で固定されるからです。この点がこの推定法の大きな欠点，つまり，推定において（理論上の）均衡条件を課していないため，推定値が財市場の均衡や貿易の均衡を保証しないのは問題とされているのです。

それ以外にも，γ_i や δ_j の推定値に関心がある場合に，とても多くのダミー変数を入れることは計算上難しいかもしれないことも，固定効果推定量の欠点として指摘されています。

固定効果重力推定量の具体例

では，Anderson and van Wincoop（2003）の重力モデルを用いて，固定効果重力推定量の具体例をみてみましょう。

重力式は，

$$\ln X_{ij} = 定数 + \gamma_i + \delta_j + (1-\sigma)(\ln K_{ij})$$

但し，定数 $= -\ln Y$，$\gamma_i = \ln Y_i -$ 外向的多国的貿易抵抗，$\delta_j = \ln E_j -$ 内向的多国的貿易抵抗，全部門を合計した一国の場合には E_j は GDP $(= Y_j)$ となります。また，実際に観察できない多国的貿易抵抗は固定効果の中に含まれています。それぞれの固定効果は，

輸出者固定効果 γ_i（送出し国の固定効果）：
　［すべての輸入者（または国）に対する］ある輸出者（または国）にとって一定である観察されない非同質性のすべての要因。
輸入者固定効果 δ_j（受入れ先の固定効果）：
　［すべての輸出者（または国）に対する］ある輸入者（または国）にとって一定である観察されない非同質性のすべての要因。

を抱合しているとみなされます。表3.5 はその数値例の1例です。

表3.5 固定効果重力推定量の数値例

	ln (i 国から j 国への輸出)
ln 距離	−1.2 0.01
国境近接ダミー	0.23 0.01
共通言語ダミー	0.98 0.03
植民地関係ダミー	0.4 0.03
貿易協定ダミー	0.76 0.02
アメリカ	
ドイツ	
(以下固定効果が続く)	

モデルの拡張

　ここでの例題は1時点のクロスセクションの場合です。固定効果重力推定量はより複雑な場合に拡張して適用できます。例えば，複数年のパネルデータの場合には，各年毎の i 国と j 国それぞれ（γ_{it} と δ_{jt}）についてダミー変数を入れることになります。

　また，複数部門の場合には，どうしたらよいでしょう。まず，①部門毎にそれぞれダミー変数を入れることになります。貿易障壁費用が部門毎に変わるかもしれないため，多国的貿易抵抗も部門毎に変わるかもしれず，γ_i と δ_j を入れるだけでは不十分だからです。また，②代替の弾力性も部門毎に変わります。代替の弾力性とそれぞれの貿易障壁費用の弾力性の接合推定値を求めるので，部門毎の代替の弾力性を使って分析する必要があります。

　但し，実際の分析では，簡便化して，貿易障壁費用と部門毎のダミー変数の交差を使うこともあります。③固定効果は簡単な手法ですが，多くの部門を分析対象とすると変数が多くなりすぎて，分析できなくなることもあります。こ

のような場合には，部門毎に，それぞれ別々の推定を行うこともあります。

政策への応用

政策の分析にもよく使用される固定効果重力推定量ですが，政策目的で使用する場合，気を付けることはなんでしょうか。重要な欠点の1つとして，固定効果と共線（collinear）である変数をモデルに含めることができません。このため，例えば，各国の輸入政策に関する閉鎖性の指標のように，jのみに関連する変数を入れて，その変数の効果を独立して推定することができなくなります。この効果は，δ_jに含まれることになるからです。しかし，例えば，

各国の輸入政策に関する　　各国の輸出政策に関する
閉鎖性の指標j　　　　×　閉鎖性の指標i

のように，両者を掛け算して二国間で変化する新しい変数を作成すれば，その変数を使用することも可能になります。但し，そうした変数の推定値の解釈が難しいという新たな問題が生じます。

このように，固定効果を入れると政策分析において制約が生じそうです。固定効果を用いない手法はないのでしょうか。すぐ思いつきそうなものとしてランダム効果モデルがありますが，固定効果モデルの方が望ましいと考えられており，既存研究でも固定効果モデルが一般的です。ランダム効果モデルには，いくつかの制約のもとでのみ一致性（consistency）が満たされるからです。例えば，ランダム効果モデルでは，多国的貿易抵抗が正規分布をしていることが仮定されますが，固定効果モデルでは，多国的貿易抵抗にそうした制約はありません。また，固定効果を用いない他の手法として，Baier and Bergstrand (2009) は，非線形である多国的貿易抵抗項を，一次テイラー近似する方法を提案しています。

固定効果γ_iやδ_jの推定値に関心がある場合における計算上の問題や，推定値が財市場の均衡や貿易の均衡を保証しない事などの欠点が指摘されているにもかかわらず，シンプルで扱いやすく，一致推定量をもたらす方法として，固

定効果推定量は現在もっともよく使われる重力推定量です。固定効果推定量の
アプローチでは，送出し国の年や受入れ国の年のダミー変数を加えて，複数年
を導入したり，送出し国の産業や受入れ国の産業のダミー変数を加えて，複数
産業を導入したりなどの拡張も簡単にできるからです。

比率重力推定量

一番人気の固定効果重力推定量も完ぺきではないことがわかりました。では，
他の推定量はないのでしょうか。いくつか提案されているうちの1つとして，
比率重力推定量があります。貿易フローの比率をとり，

$$\frac{X_{ij}}{X_{jj}}=\frac{K_{ij}\gamma_i\delta_j}{K_{jj}\gamma_j\delta_j}=\frac{K_{ij}\gamma_i}{K_{jj}\gamma_j}$$

対数 ln 変換すると，

$$\ln\left(\frac{X_{ij}}{X_{jj}}\right)=\ln\left(\frac{K_{ij}}{K_{jj}}\right)+\ln\gamma_i-\ln\gamma_j$$

となります。もし，$\ln\left(\frac{K_{ij}}{K_{jj}}\right)=\mathbf{T}_{ij}\beta+\varepsilon_{ij}$ と仮定すると，

$$\ln\left(\frac{X_{ij}}{X_{jj}}\right)=\mathbf{T}_{ij}\beta+\ln\gamma_i-\ln\gamma_j+\varepsilon_{ij} \tag{6}$$

となります。Head and Mayer (2013) に従い，（6）式を比率重力推定量と呼
びます。（6）式では，受入れ国の固定効果は送出し国の固定効果のマイナス符
号として制約されて，受入れ国の固定効果と送出し国の固定効果とも推定に使
用されています。

ただ，まったく問題がないというわけではなく，①固定効果推定量と比べて，
自由度は変わらない（比率重力推定量は固定効果推定量より，推定する変数の数が国
の数である N 少ないですが，一方で，$i=j$ の場合には（6）式が $0=\varepsilon_{ij}$ となり，観察数
も N 少なくなってしまいます），②固定効果推定量と同様に，一般均衡条件を課

していません，③固定効果推定量と異なり，絶対的な貿易抵抗ではなく，相対的な貿易抵抗しか特定できません。③に関しては，$\ln\left(\dfrac{K_{ij}}{K_{jj}}\right)=\mathbf{T}_{ij}\beta+\varepsilon_{ij}$ の指数関数を取ると，$\widehat{K}_{ij}=\exp\left(\mathbf{T}_{ij}\widehat{\beta}\right)\widehat{K}_{jj}$ となりますが，これでは $\prod_j$ を求めることができません。なぜなら，

$$\sum_{k\in S}\exp\left(\mathbf{T}_{kj}\widehat{\beta}+\ln\widehat{\gamma}_k\right)=\frac{1}{\widehat{K}_{jj}}\sum_{k\in S}\widehat{K}_{kj}\widehat{\gamma}_k=\frac{\widehat{\prod}_j}{\widehat{K}_{jj}}$$

だからです。

　しかし，例えば，$K_{jj}=1$（国内貿易は障壁がない）と仮定すると，上記式を多国的貿易抵抗と呼べるようになります。因みに，この仮定［$K_{jj}=1$（国内貿易は障壁がない）］はよく使われています。

その他の推定方法

　最後に，これまで見てきた最小二乗法（OLS）ベースの推定法以外で，重要な2つの重力モデル推定方法についても触れておきましょう。1つはヘックマンのサンプルセレクションを含む推定方法，もう1つは，ポワソン疑似最尤推定量です。

　まず，ヘックマンのサンプルセレクションを含む推定方法からみていきましょう。そのポイントを理解するために，もう一度，2017年における108か国のクロスセクションデータを伝統的な重力モデルを使った例に戻りましょう。$108\times107=11556$ ペアの二国間輸出のフローがサンプル数を構成しますが，そのうち，二国間で輸出がない場合を除くと，サンプル数が 8,762 になったとします。

　　$\ln$（i 国から j 国への輸出）＝定数＋a×i 国のダミー＋b×j 国のダミー＋c×$\ln$（i 国と j 国の距離）＋f×国境近接ダミー＋g×共通言語ダミー＋h×植民地関係ダミー＋l×貿易協定ダミー＋エラー

の式を使った推定における問題点を考えてみましょう。ヒントは，二国間で輸出がない場合を除くとサンプル数が 8,762 になったとします，です。

　上記のような分析を行った場合，伝統的な重力モデルの問題点を解決するために，国ダミー変数を入れること以外にも，考慮すべき点が指摘されています。標準的な重力モデルは，二国間での貿易フローが対称（i 国から j 国と j 国から i 国は同じ）を仮定していますが，現実のデータは対称ではないので，推定値がバイアスします。このバイアスを修正するため，intensive margin（貿易をする場合の貿易量）だけでなく，extensive margin（貿易をするかしないか＝つまり，二国間における貿易量が正だけなく，0 になる可能性）の両方を含めた推定方法が提唱されています。ゼロ貿易を分析に含めないと，サンプルセレクションバイアスが生じてしまうかもしれません。これに対処するため，ヘックマンが提唱したサンプルセレクションを修正する方法を使うわけです。但し，Helpman, Melitz and Rubinstein（2008）は，ヘックマンが提唱したサンプルセレクションの修正だけでなく，非同質的な企業の修正を追加した重力式を導くような国際貿易版モデルを提示しています。

　ポワソン疑似最尤推定量（the Poisson pseudo-maximum likelihood estimator）と呼ばれるものもあります。その利用のメリットも見てみましょう。先述した部門毎の Anderson and van Wincoop（2003）の重力モデルは，

$$\ln X_{ij}^k$$
$$=\ln Y_i^k + \ln E_j^k$$
$$-\ln Y^k + (1-\sigma^k)(\ln K_{ij}^k - \text{外的多国的貿易抵抗}_i^k - \text{内的多国的貿易抵抗}_j^k)$$
$$+\ln e_{ij}^k$$

と表されますが，もし，e_{ij}^k が分散不均一性（heteroscedasticity）であれば，誤差項の期待値は 1 つ以上の説明変数に依存することになります。このため，最小二乗法を適用するための仮定を満たせず，推定値が不一致になる可能性があります。また，この種の分散不均一性は，変数の推定だけでなく，標準誤差にも影響を与えるため，単に頑強な共分散行列推定量（robust covariance matrix estimator）を適用するだけでは対応できません。したがって，非線形の重力モデルにおける複数部門の誤差項が分散不均一性である場合には，最小二乗法をベースにしたアプローチは異なる推定方法を取らないといけません。Santos Silva and Tenreyro（2006）は，この問題に対処するための簡易な方法としてポワソン疑似最尤推定量を挙げています。もし，重力モデルが必要なすべての独立変数をきちんと含んでいれば，ポワソン疑似最尤推定量は，一致推定量となります。実はデータがポワソン分布をしている必要はありませんが，ポワソン推定量が良く使われています。

　ポワソン推定量は，その他にもいくつかの望ましい性質を備えています。まず，①ダミー変数として固定効果を含んでいても一致推定量となります。この点において，非線形最尤推定量が通常持っていない性質を備えているわけです。理論と整合性のある重力モデルが，送出し国や受入れ国の固定効果を入れなければならないことを考えると，この性質は大変重要です。また，②貿易がゼロを含んだ分析になります。ゼロの対数は定義できないため，貿易がない場合は最小二乗法では扱えず，サンプルセレクションバイアスの可能性がありますが，ポワソン推定量を使えば，こうした問題にも対処できます。③従属変数が輸出の対数ではなく輸出の水準ですが，対数として取り扱われている係数の推定値は弾力性として，また，水準として取り扱われている係数の推定値は準弾力性（semi-elasticity：パーセンテージの単位ではない x の変化に対する関数 $f(x)$ のパーセンテージポイントで測った変化）として，解釈できることも便利です。

　では，どの推定量が良いのでしょうか。実務家にとっては気になるところです。ヘックマン型推定量とポワソン疑似最尤推定量はどちらもゼロ貿易を含んだ分析になりますが，結局，どちらがおすすめかは，どちらもメリットとデメリットがあり，一概には言えません。ポワソン型に有利な点は，①ポワソン型は不均一分散をうまく取り扱えますが，ヘックマン型は違います。②固定効果ポワソンモデルは望ましい統計的な性質を持っています。

　一方，固定効果プロビットモデルによる推定量はバイアスがあり，一致性も満たされません。このため，これらの問題が，実際に2段階の重力モデルの推

定にどのような影響があるかは明らかではありません。これに対し，ヘックマン型に有利な点は，③ヘックマン型では，ゼロと非ゼロの観察が別々に生じていても構いませんが，ポワソン型は，すべての観察が同じ分布から生じていると仮定されます。

③ 重力モデルと経済理論

3.1 需要——CES モデル

経済理論と整合性のある実証分析をするために，理論について学習しましょう。

j 国における代表的な消費者の効用 U_j は，すべての国 $i \in S$ から輸入される消費財の種類 ω の集合 Ω から得られると仮定して，

$$U_j = \left(\sum_{\omega \in \Omega} a_{ij}(\omega)^{\frac{1}{\sigma}} q_{ij}(\omega)^{\frac{\sigma-1}{\sigma}} \right)^{\frac{\sigma}{\sigma-1}} \tag{1}$$

と表されるとします。ここで，$q_{ij}(\omega)$ は i 国から j 国に輸入される財の量（実際に輸出される量は $\tau_{ij} q_{ij}(\omega)$），$a_{ij}(\omega)$ は外生的に与えられる嗜好を表し，$\sigma \geq 0$ は代替の弾力性とします。i 国から j 国に輸入される財に対する嗜好が $a_{ij}(\omega)$ ということは，1国から輸入される財と2国から輸入される財に対する嗜好は異なっているだけでなく，1国から輸入される財に対する嗜好は財の種類 ω によっても変わることになります。

このモデルでは，財の種類が鍵となります。S は国の集合で，大きな袋 S に国が $i=1$ 国，$i=2$ 国，$i=3$ 国といくつも入っているようなイメージです。同様に，Ω は財の種類の集合で，大きな袋 Ω に財が種類 $\omega=1$，種類 $\omega=2$，種類 $\omega=3$ といくつも入っているようなイメージです。ここでは，財の種類が1，2，3と離散なので $\sum_{\omega \in \Omega}$ が使用されていますが，前節のように連続（無限にあって，1.1，1.2，1.3……のように考える）の場合は $\int$ が使用されます。ただ，どちらも同じことです。これから様々な文献を読んでいくうえで，異なった書き方にびっくりしないように，本書でもバリエーションを持たせてあります。

92

第3章　実証分析の理論について学ぼう

ここで，$q_{ij}(\omega)$ は i 国から j 国に輸入される財の量（しかし，実際に i 国から輸出される量は $\tau_{ij}q_{ij}(\omega)$）と記述しているのは，氷山的貿易費用 $\{\tau_{ij}\}_{i,j\in S}$ を仮定しています。i 国が j 国に $\tau_{ij}\geq 1$ 単位の財を送付すると，$\tau_{ij}-1$ がその途中溶けてしまい，結局 j 国には 1 単位の財が到着するわけです。通常，自国内での取引は費用が掛からない（$\tau_{ii}=1$）と仮定されます。また，直接受入れ国に売った方が，中継国を経由して財を売るよりも安いという三角不等式（すべての $i,j,k\in S$ について，$\tau_{ij}\tau_{jk}\geq\tau_{ik}$）を仮定することもあります。

効用最大化

代表的消費者の効用最大化問題について考えましょう。

本節では，送出し国を i，受入れ国を j とし，X_{ij} は i 国から j 国への二国間貿易を意味するとします。また，X_j は j 国における総支出，p_{ij} は i 国から j 国への財の価格，L_j は j 国における人口とし，それぞれの消費者は 1 単位の労働を非弾力的に提供すると仮定します。さらに，しばらくは労働が唯一の生産要素とします。

$$\max_{\{q_{ij}(\omega)\}_{\omega\in\Omega}}\left(\sum_{i\in\Omega}a_{ij}(\omega)^{\frac{1}{\sigma}}q_{ij}(\omega)^{\frac{\sigma-1}{\sigma}}\right)^{\frac{\sigma}{\sigma-1}}$$

$$s.t.\ \sum_{\omega\in\Omega}q_{ij}(\omega)p_{ij}(\omega)\leq X_j$$

CES 需要関数

CES 需要関数を $q_{ij}(\omega)=a_{ij}(\omega)p_{ij}(\omega)^{-\sigma}X_j P_j^{\sigma-1}$ と導出してみましょう。

ラグランジェアンは，

$$\mathcal{L}=\left(\sum_{\omega\in\Omega}a_{ij}(\omega)^{\frac{1}{\sigma}}q_{ij}(\omega)^{\frac{\sigma-1}{\sigma}}\right)^{\frac{\sigma}{\sigma-1}}-\lambda\left(\sum_{\omega\in\Omega}q_{ij}(\omega)p_{ij}(\omega)-X_j\right)$$

一階の条件（FOC）は，

$$\frac{\partial\mathcal{L}}{\partial q_{ij}(\omega)}=0\Leftrightarrow\left(\sum_{\omega\in\Omega}a_{ij}(\omega)^{\frac{1}{\sigma}}q_{ij}(\omega)^{\frac{\sigma-1}{\sigma}}\right)^{\frac{1}{\sigma-1}}a_{ij}(\omega)^{\frac{1}{\sigma}}q_{ij}(\omega)^{-\frac{1}{\sigma}}=\lambda p_{ij}(\omega)$$

$$\frac{\partial \mathscr{L}}{\partial \lambda} = 0 \Leftrightarrow X_j = \sum_{\omega \in \Omega} q_{ij}(\omega) p_{ij}(\omega)$$

2種類の財 ω と ω' に対するそれぞれの FOC を使うと,

$$\frac{a_{ij}(\omega)}{a_{ij}(\omega')} = \frac{p_{ij}(\omega)^\sigma q_{ij}(\omega)}{p_{ij}(\omega')^\sigma q_{ij}(\omega')}$$

と書けます。この式を並べなおして, 両辺に $p_{ij}(\omega)^{1-\sigma}$ をかけると,

$$q_{ij}(\omega') p_{ij}(\omega') = \frac{1}{a_{ij}(\omega)} q_{ij}(\omega) p_{ij}(\omega)^\sigma a_{ij}(\omega') p_{ij}(\omega')^{1-\sigma}$$

となります。この式について, 全ての種類 $\omega' \in \Omega$ について足し合わせると,

$$\sum_{\omega' \in \Omega} q_{ij}(\omega') p_{ij}(\omega') = \frac{1}{a_{ij}(\omega)} q_{ij}(\omega) p_{ij}(\omega)^\sigma \sum_{\omega' \in \Omega} a_{ij}(\omega') p_{ij}(\omega')^{1-\sigma}$$

ここで, 2番目の FOC と the Dixit-Stiglitz 価格指数として知られている

$$P_j \equiv \left(\sum_{\omega' \in \Omega} a_{ij}(\omega') p_{ij}(\omega')^{1-\sigma} \right)^{\frac{1}{1-\sigma}}$$

を使用すると,

$$X_j = \frac{1}{a_{ij}(\omega)} q_{ij}(\omega) p_{ij}(\omega)^\sigma P_j^{1-\sigma}$$

となります。この式を書き換えると, CES 需要関数である

$$q_{ij}(\omega) = a_{ij}(\omega) p_{ij}(\omega)^{-\sigma} X_j P_j^{\sigma-1} \tag{2}$$

が得られます。（2）式を見ると, i 国で生産された財の j 国における消費量は, その財に対する j 国における嗜好 (a_{ij}) とともに増加し, その財の価格 (p_{ij}) が上がると減少し, j 国における支出 (X_j) や価格指数が増えると増加することがわかります。

社会厚生

次に，$U_j = \dfrac{X_j}{P_j}$ を導出してみましょう。所得（X_j：j 国における総支出）を the Dixit-Stiglitz 価格指数で割ると，j 国の総厚生が $U_j = \dfrac{X_j}{P_j}$ と簡単に示せます。

総貿易の価値

最後に，総貿易の価値：$X_{ij}(\omega) \equiv p_{ij}(\omega)q_{ij}(\omega)$ を $X_{ij}(\omega) = a_{ij}(\omega)p_{ij}(\omega)^{1-\sigma}X_j P_j^{\sigma-1}$ と導出してみましょう。i 国から j 国への財の種類 ω の貿易の価値 $X_{ij}(\omega) \equiv p_{ij}(\omega)q_{ij}(\omega)$ に，（2）式を代入すると，

$$X_{ij}(\omega) = a_{ij}(\omega)p_{ij}(\omega)^{1-\sigma}X_j P_j^{\sigma-1} \qquad (3)$$

$\quad X_{ij}$：i 国から j 国への二国間貿易

$\quad a_{ij}(\omega)$：i 国から j 国に輸入される財に対する嗜好

$\quad p_{ij}$：i 国から j 国への財の価格

$\quad X_j$：j 国における総支出

$\quad \sigma \geq 0$：代替の弾力性

となります。

3.2 アーミントンモデル──完全競争と CES 需要関数

アーミントンモデルは，それぞれの国で差別化された財を生産し，消費者は少なくともそれぞれの国の財のいくつかを消費したいという前提に基づいています。この仮定は，特別なもので，比較優位に基づいて生産を特化するというような古典的な貿易論の考え方を無視しています。しかし，CES 選好を用いたアーミントンモデルは，国家間の貿易フローをうまく特徴づけてくれます。アーミントンモデルは，重力式に最初に理論的基礎を与えた点で重要でしたし，アーミントンモデルによって最初に提示された結果が，異なる数量的貿易モデルにも当てはまっている（実は，本章第2節（重力モデルとは何か）2.1（伝統的な重力式）の（1）式の重力式となるようなモデルが多くある）のです。ここでは，共通に当てはまるその性質についてみていきます。

供給——完全競争

CES需要関数のもとでの供給について考えていきましょう。アーミントンモデルでは，それぞれの国 $i \in S$ が違う種類の財を作るので，国と財の種類が1対1に対応します。このため，財の種類も国名 i で記述します（こうしたことはベルトランド競争や独占的競争の場合には当てはまりません）。

それぞれの国の市場が完全競争であると仮定すると，財の価格は限界費用となります。各労働者は，労働者の居住国の財を A_i 単位作ることができ，w_i を労働者の賃金とします。すると，生産の限界費用は $\dfrac{w_i}{A_i}$ とあらわされ，輸送費を含まない価格は $p_i = \dfrac{w_i}{A_i}$ となります。ここで氷山的貿易費用を加味すると，i 国からの財1単位消費する場合の j 国における価格は，

$$p_{ij} = \tau_{ij} \frac{w_i}{A_i} \tag{1}$$

となります。j 国で1単位消費するには，輸送途中で氷解してしまう分を含めて，i 国で $\tau_{ij} \geq 1$ 単位生産しないといけないからです。（1）式は，$p_i = \dfrac{w_i}{A_i}$ より，

$$\frac{p_{ij}}{p_i} = \tau_{ij} \tag{2}$$

と書き換えることができます。（2）式は無裁定式と呼ばれ，i 国で財を購入して，それを j 国で売ることによって，利潤をあげられないこと（またはその逆）を意味します。しかし，（2）式が成立していても，三角不等式（すべての $i, j, k \in S$ について，$\tau_{ij}\tau_{jk} \geq \tau_{ik}$）が満たされなければ，3か国間では利潤をもたらす貿易がありうるかもしれない事には注意が必要です。

重力式

それぞれの国が異なる財 ω を生産するとして，（1）式を $X_{ij}(\omega) = a_{ij}(\omega) p_{ij}(\omega)^{1-\sigma} X_j P_j^{\sigma-1}$（本章第3節（重力モデルと経済理論）3.1（需要——CESモデル）の

第3章　実証分析の理論について学ぼう

（3）式）に代入すると，

$$X_{ij} = a_{ij}\tau_{ij}^{1-\sigma}\left(\frac{w_i}{A_i}\right)^{1-\sigma}X_jP_j^{\sigma-1} \tag{3}$$

のような重力式が得られます。貿易費用は距離とともに増えるので，$\sigma>1$であれば，二国間貿易のフローの価値は減ります。

　一国の総所得 Y_i は総売上げに等しいので，

$$Y_i = \sum_j X_{ij} = \sum_j a_{ij}\tau_{ij}^{1-\sigma}\left(\frac{w_i}{A_i}\right)^{1-\sigma}X_jP_j^{\sigma-1}$$

より，

$$\left(\frac{w_i}{A_i}\right)^{1-\sigma} = \frac{Y_i}{\sum_j a_{ij}\tau_{ij}^{1-\sigma}X_jP_j^{\sigma-1}}$$

と書くことができ，この式を（3）式に代入すると，

$$X_{ij} = a_{ij}\tau_{ij}^{1-\sigma}\left(\frac{Y_i}{\Pi_i^{1-\sigma}}\right)\left(\frac{X_j}{P_j^{1-\sigma}}\right) \tag{4}$$

となります。ここで，$\Pi_i^{1-\sigma} \equiv \sum_j a_{ij}\tau_{ij}^{1-\sigma}X_jP_j^{\sigma-1}$ は，価格指数 $P_j^{1-\sigma}$ に大変よく似ています。（4）式によると，二国間の貿易支出は，①距離（貿易費用）$\tau_{ij}^{1-\sigma}$，②二国の GDP（所得）の積 Y_i，X_j，③それ以外の重力式（二国間貿易抵抗）の項に関連していることがわかります。二国間貿易抵抗（bilateral resistance）に関して，直感的には，輸出費用が大きくなれば $\Pi_i^{1-\sigma}$ が小さくなり，また，輸入費用が大きくなれば $P_j^{\sigma-1}$ が小さくなります。

　つまり，いかなる二国間の貿易も，①これら二国間の所得だけではなく，②それ以外の国と貿易する場合と比べて，二国間で貿易するときの相対的な費用に依存していることを意味しています。こうしたあまりにあたりまえなことも，貿易論できちんと議論できるようになったのはつい最近のことなのです。

97

社会厚生

j 国における支出額のうち，i 国から輸出された財に支出される額の割合を λ_{ij} とします。

$$\lambda_{ij} \equiv \frac{X_{ij}}{\sum_k X_{kj}}$$

（3）式より，

$$\lambda_{ij} = \frac{a_{ij}\tau_{ij}^{1-\sigma}\left(\dfrac{w_i}{A_i}\right)^{1-\sigma}}{\sum_k a_{kj}\tau_{kj}^{1-\sigma}\left(\dfrac{w_k}{A_k}\right)^{1-\sigma}}$$

また，$P_j^{1-\sigma} \equiv \sum_k a_{kj}\tau_{kj}^{1-\sigma}\left(\dfrac{w_k}{A_k}\right)^{1-\sigma}$ を使うと，

$$\lambda_{ij} = a_{ij}\tau_{ij}^{1-\sigma}A_i^{\sigma-1}\left(\frac{w_i}{P_j}\right)^{1-\sigma} \tag{5}$$

となります。

ここで，CES 需要関数の場合，代表的な個人の効用は実質賃金 $W_j = \dfrac{X_j}{P_j}$ として表されたことを思い出してください。$\tau_{jj} = 1$ と仮定して，（5）式を使うと，$i = j$ の場合に効用は，

$$U_j = \frac{X_j}{w_j}\lambda_{jj}^{\frac{1}{1-\sigma}}a_{jj}^{\frac{1}{\sigma-1}}A_j$$

と表すことができます。つまり，社会厚生は，貿易の GDP に対する比 λ_{jj} の変化と貿易の弾力性の逆数である $\dfrac{-1}{(\sigma-1)}$ の弾力性にだけ依存することになります（105頁（1）式）。

最後に，アーミントンモデルの問題点について考えてみましょう。それぞれの国が独自な財を生産するという特別な仮定と消費者が多様な製品の消費を好む（すべての財の種類を少しずつ消費したい）という仮定を使用すると，貿易にお

ける重力式を正当化できます。

このように，貿易における重力式を正当化できる理論的な基礎を与えた点は評価できますが，その一方で大変厳しい仮定を課しているといえます。

3.3　独占的競争——同質的企業とCES需要関数

本節では完全競争ではなく，企業を導入した独占的競争の場合に議論を拡張します。但し，それぞれの企業は差別化された財を生産し，消費者は少なくともそれぞれの種類を少しずつ消費したいという前提は引き続き変わりません。

需要——CESモデル

アーミントンモデルと同様に，消費者は種類に関してCES選好を持つと仮定します。j国$\in S$における代表的な個人は，それ以外すべての国におけるすべての企業によって輸出される財の消費から効用 U_j を得ているとします。

$$U_j = \left(\sum_{i \in S} \int_{\Omega_i} q_{ij}(\omega)^{\frac{\sigma-1}{\sigma}} d\omega \right)^{\frac{\sigma}{\sigma-1}}$$

国と財の種類の区別がつきやすいように，それぞれ $\sum$ と $\int$ が使用されています。また，単純化するため，嗜好 $a_{ij}(\omega)$ を含めていません。消費者は，すべての国におけるすべての企業が作る財を同等に扱っていることになります。

アーミントンモデルと同様に，消費者の効用最大化問題を解くと，j国$\in S$における財 $\omega \in \Omega$ の最適需要量は，

$$q_{ij}(\omega) = p_{ij}(\omega)^{-\sigma} X_j P_j^{\sigma-1} \tag{1}$$

但し，the Dixit-Stiglitz 価格指数 $P_j \equiv \left(\sum_{i \in S} \int_{\Omega_i} p_{ij}(\omega)^{1-\sigma} d\omega \right)^{\frac{1}{1-\sigma}}$ となります。前節までに大体の考え方（導出の仕方）は理解できていると思いますので，数式（やその展開）については，あまり神経質にならないでいきましょう。むしろ，解かれた式を使いながらどのような類似点や問題点があるかなどを議論するのがポイントになります。

99

種類 ω への支出額 $x_{ij}(\omega)$ は，数量 $q_{ij}(\omega)$（（1）式）と価格 p_{ij} の積である

$$x_{ij}(\omega) = p_{ij}(\omega)^{1-\sigma} X_j P_j^{\sigma-1} \tag{2}$$

になります。アーミントンモデルの場合と似た表現になっていますが，ここでは特定企業の財への支出額を表しているので，i 国と j 国の間の二国間貿易フローを求めるには，i 国におけるすべての企業を合計する（（2）式をすべての種類について積分）必要があります。

$$X_{ij} \equiv \int_{\Omega_i} x_{ij}(\omega) d\omega = X_j P_j^{\sigma-1} \int_{\Omega_i} p_{ij}(\omega)^{1-\sigma} d\omega \tag{3}$$

供給──独占的競争

　クルーグマンモデルの鍵は，規模に関して収穫逓増（生産をすればするほど，その平均費用が低下する）です。前章の簡単な数値例で見たように，いくつかの国からの需要を一手に引き受けることによって，企業は平均費用を低下させることができるため，貿易のメリットが生じます。規模に関して収穫逓増を簡潔にモデル化するため，企業が生産するためには固定参入費用 f_i^e が生じるとします。e は参入（entry）を意味しています。また，固定参入費用は国内労働者へ支払われると仮定し，f_i^e は参入する産業部門で雇用されている労働者数とします。ここで，完全競争との大きな違いは，独占的競争では，i 国にいる N_i 社の異なる企業が差別化された別々の種類 ω の財を生産することです。企業数 N_i は国内労働者ではかられた固定参入費用をカバーできるような均衡状態で決定されます。さらに，i 国におけるすべての企業は同じ生産性 z_i とすると，$\dfrac{1}{z_i}$ 単位の労働を使って 1 単位の財を生産することになります。

　この時，i 国における企業 ω（つまり，種類 ω を生産する企業）の利潤最適化問題は，

$$\max_{\{p_j(\omega)\}_{j \in S}} \sum_{j \in S} \left(p_j(\omega) q_j(\omega) - w_i \frac{\tau_{ij}}{z_i} q_j(\omega) \right) - w_i f_i^e$$

$$s.t.\ q_j(\omega) = p_j(\omega)^{-\sigma} X_j P_j^{\sigma-1}$$

と表されます。ここで，$q_j(\omega)$ は j 国における種類 ω の消費量を表しています。氷山的貿易費用を考慮するため，生産量 $\tau_{ij}q_j(\omega)$ は消費量 $q_j(\omega)$ より大きくなっています。制約条件である $q_j(\omega)$ を 1 行目の $q_j(\omega)$ に代入すると，それぞれの受入れ国 j に販売するためにどのような価格を決めるかという，次のような最適化問題に書き換えられます。

$$\max_{\{p_j(\omega)\}_{j \in S}} \sum_{j \in S} \left(p_j(\omega)^{1-\sigma} X_j P_j^{\sigma-1} - w_i \frac{\tau_{ij}}{z_i} p_j(\omega)^{-\sigma} X_j P_j^{\sigma-1} \right) - w_i f_i^e$$

限界費用が一定という仮定により，それぞれの受入れ国 j に対して別々の最適化問題として取り扱うことができるのです。この利潤最適化問題を解くと，一企業が設定する i 国から j 国への最適価格は，

$$p_{ij}(z_i) = \frac{\sigma}{\sigma-1} \frac{\tau_{ij}w_i}{z_i} \tag{4}$$

と表されます。すべての企業の決定は変数と企業の生産性で表されるので，以下では種類（または企業）を表す ω を省略します。

重力式

　全ての企業が同じ価格を設定するため，（4）式の価格式を（3）式の重力式に代入すると，

$$X_{ij} = X_j P_j^{\sigma-1} \int_{\Omega_i} \left(\frac{\sigma}{\sigma-1} \frac{w_i}{z_i} \tau_{ij} \right)^{1-\sigma} d\omega$$

となります。ここで生産している企業数 $N_i \equiv \int_{\Omega_i}$ を使うと，

$$X_{ij} = \left(\frac{\sigma}{\sigma-1} \right)^{1-\sigma} \tau_{ij}^{1-\sigma} \left(\frac{w_i}{z_i} \right)^{1-\sigma} N_i X_j P_j^{\sigma-1} \tag{5}$$

となります。（5）式はアーミントンモデルの場合（本章第3節（重力モデルと経済

理論）3.2（アーミントンモデル——完全競争と CES 需要関数））の（3）式に非常によく似ていることがわかります。企業数 N_i が加わったことと，$\sigma > 1$ を仮定すると貿易フローがマークアップ $\left(\dfrac{\sigma}{\sigma-1}\right)^{1-\sigma}$ の分だけ小さくなることが違っています。

社会厚生

社会厚生もアーミントンモデルの場合と似た形で表されます。（4）式を（1）式に代入すると，

$$P_j^{1-\sigma} \equiv \left(\frac{\sigma}{\sigma-1}\right)^{1-\sigma} \sum_k \tau_{kj}^{1-\sigma} \left(\frac{w_k}{z_k}\right)^{1-\sigma} N_k$$

となります。ここで，i 国から輸出された財に対する j 国における支出割合を $\lambda_{ij} \equiv \dfrac{X_{ij}}{\sum\limits_k X_{kj}}$ と定義し，（5）式を使うと，

$$\lambda_{ij} = \frac{\left(\dfrac{\sigma}{\sigma-1}\right)^{1-\sigma} \tau_{ij}^{1-\sigma} \left(\dfrac{w_i}{z_i}\right)^{1-\sigma} N_i X_j P_j^{\sigma-1}}{\sum\limits_k \left(\dfrac{\sigma}{\sigma-1}\right)^{1-\sigma} \tau_{kj}^{1-\sigma} \left(\dfrac{w_k}{z_k}\right)^{1-\sigma} N_k X_j P_j^{\sigma-1}}$$

$$= \frac{\tau_{ij}^{1-\sigma} \left(\dfrac{w_i}{z_i}\right)^{1-\sigma} N_i}{\sum\limits_k \tau_{kj}^{1-\sigma} \left(\dfrac{w_k}{z_k}\right)^{1-\sigma} N_k}$$

$$= \left(\frac{\sigma}{\sigma-1}\right)^{1-\sigma} \frac{\tau_{ij}^{1-\sigma} \left(\dfrac{w_i}{z_i}\right)^{1-\sigma} N_i}{P_j^{\sigma-1}}$$

となり，λ_{ij} を j 国における価格指数の関数として表すことができます。

この式は，更に次のように書き換えられます。

$$P_j = \left(\frac{\sigma}{\sigma-1}\right) \tau_{ij} \left(\frac{w_i}{z_i}\right) N_i^{\frac{1}{1-\sigma}} \lambda_{ij}^{\frac{1}{\sigma-1}} \tag{6}$$

これはどのようなiとjにも当てはまるので，$\tau_{jj}=1$を仮定して，$i=j$の場合を考えると，

$$P_j=\left(\frac{\sigma}{\sigma-1}\right)\left(\frac{w_j}{z_j}\right)N_j^{\frac{1}{1-\sigma}}\lambda_{jj}^{\frac{1}{\sigma-1}}$$

より，

$$\frac{w_j}{P_j}=\left(\frac{\sigma-1}{\sigma}\right)z_jN_j^{\frac{1}{\sigma-1}}\lambda_{jj}^{\frac{1}{1-\sigma}} \tag{7}$$

となります。これより，実質賃金はλ_{jj}（自国内貿易の割合＝閉鎖割合）の減少関数，つまり，貿易の開放度（外国との貿易割合）の増加関数になっていることがわかります。但し，アーミントンモデルとは異なり，企業は正の利潤を上げています。したがって，実質賃金は，アーミントンモデルの時のように，その国の社会厚生を意味しません。この問題に対処するため，企業が自由に市場に参入できる場合を考えます。

　最後に，なぜCES需要関数がよく使われるかについても触れておきましょう。それは，CES需要関数は様々な魅力的な性質を備えているからです。例えば，相似拡大的（homothetic）であったり，コブ－ダグラスなどのような様々な特別な需要システムの入れ子となっていたり，また，数学的に均衡が求めやすかったりなど，非常に取り扱いやすいからです。

　ただ，貿易分野を専門とするエコノミストは，CES選好が実際の選好をうまく表しているとは必ずしも信じていないことが多いのですが，分析に便利なため多用しているのが現状のようです。新しいアプローチの構築が期待されています。

第4章	自由貿易のメリットをみてみよう

　国際経済学の教科書では，自由貿易を肯定する理論に多くのページがさかれています。しかし，最近の研究では，貿易のメリットを数値化するとそれほど大きくないという指摘もあります。

　本章では，重力モデルを用いて自由貿易の成果を数値化した議論を見ていきましょう。自由貿易の効果はあまり大きくないのでしょうか。どうやら想定するモデルによって効果がだいぶ変わってくるようです。例えば，一部門モデルではなく，複数部門を導入するなど，数量分析に使用されるモデルを拡張すると，その数値が増加するという報告もあります。また，それ以外にも，貿易が国内の生産性を改善する経路を追加すると，貿易のメリットはかなり増加するというモデルも提示されています。

　本章の目的はこうした自由貿易の成果を近年の展開を踏まえた重力モデルを用いて数値化した議論を概観することです。このため，他章とは異なり，大まかな流れに焦点を当てています。詳細な導出について興味がある読者は，本章が依拠している Costinot and Rodríguez-Clare（2014）を参照してみてください。

1 アーミントンモデル

1.1 貿易メリットの計測

　例えば，j 国における貿易に関連するショックによって，その社会厚生がどうなるかに興味があるとします。こうした社会厚生の変化を数値化するために重力式を使用できます。

　本節では，単純な場合として，貿易費用に関するショック，つまり，

第4章 自由貿易のメリットをみてみよう

$\tau \equiv \{\tau_{ij}\}$ から $\tau' \equiv \{\tau_{ij}\}$ に変わるような場合について見ていきます。特に，貿易をする場合である開放経済と貿易をしない場合である閉鎖経済を比べます。つまり，開放経済から閉鎖経済（$\equiv \tau' = +\infty$）への変化をはかって，自由貿易のメリットを議論するわけです。より正確にいうと，開放経済である現状（初期均衡）と比べて，新しい均衡における可変貿易費用は，貿易が行われないくらい高くなる場合を考えます。また，それ以外のすべての構造変数は，初期均衡である開放経済の場合と同じであるとします。

まず，G_j を j 国における国際貿易からのメリットとします。すると，j 国において閉鎖経済へ変化する場合の実質所得のパーセンテージ変化の絶対値をとったものは，

$$G_j = 1 - \lambda_{jj}^{\frac{1}{\varepsilon}} \tag{1}$$

と表されます。ここで絶対値をとるのは，開放経済が閉鎖経済に比べてメリットがあるのであれば，閉鎖経済への移行は実質所得の低下，つまり，マイナスの値となるためです。

（1）式の G_j について詳しく見ていきましょう。まず，ε は貿易の弾力性と呼ばれるもので，

$$\varepsilon \equiv \frac{\partial \ln\left(\dfrac{X_{ij}}{X_{jj}}\right)}{\partial \ln \tau_{ij}}$$

と表わされます。これは，所得水準を固定して，2国間貿易費用 τ_{ij} に対して，国内需要に対する輸入 $\dfrac{X_{ij}}{X_{jj}}$ の弾力性を意味しています。但し，X_{ij} は，j 国が i 国から輸入した総価値です。因みに，アーミントンモデルでは，$\varepsilon = (\sigma - 1)$ となります。また，λ_{ij} は，j 国における総支出のうち，i 国から輸入した財への支出割合：$\lambda_{ij} \equiv \dfrac{X_{ij}}{E_j}$ です。ここで，$E_j \equiv \sum_{i=1}^{n} X_{ij}$ は j 国における総支出です。

国際貿易からのメリット G_j を計算するには，①貿易の弾力性 ε と②国内財への支出割合 λ_{jj} の値が必要になります。①貿易の弾力性 ε を推定する単純な方法

105

は，以下のような重力式を使ってクロスセクションの回帰分析を行うことです。

$$\ln X_{ij} = \delta_i^X + \delta_j^M - \varepsilon \ln \tau_{ij} + \delta_{ij} \tag{2}$$

ここで，$\delta_i^X \equiv \ln \chi_i - \varepsilon \ln Y_i$ は輸出国の固定効果（送出し国である i 国だけに関係ある項目），$\delta_j^M \equiv \ln Y_j - \ln \left(\sum_{l=1}^{n} \chi_l (Y_l \tau_{lj})^{-\varepsilon} \right)$ は輸入国の固定効果（受入国である j 国だけに関係ある項目），δ_{ij} は $\ln \tau_{ij}$ と統計的に独立した（直交する）貿易フローの測定誤差として取り扱われます（（2）式は，後述する本章第2節（モデルの拡張）2.2（アーミントンモデル）にある（5）式の対数 $\ln$ をとったものです）。G_j の計算には，既存研究でよく使われる値 $\varepsilon = 5$ を使用するとしましょう。次に，②国内財への支出割合 λ_{jj} ですが，

$$\lambda_{jj} \equiv \frac{X_{jj}}{E_j} = 1 - \left(\frac{\sum_{i \neq j} X_{ij}}{\sum_{i=1}^{n} X_{ij}} \right)$$

であることから，$\sum_{i \neq j} X_{ij}$ は j における総輸入，$\sum_i X_{ij}$ は j 国における総支出のデータを使用することで，λ_{jj} を測定できます。本章で紹介するすべての試算では，27 の EU 加盟国と 13 のその他主要国をカバーしている2008年の World Input-Output Database（WIOD）を使用しています。

このように，実際に（1）式を使用して貿易からのメリット G_j を計算すると，<u>貿易のメリットは小さな国ほど大きい傾向</u>（日本1.7%，アメリカ1.8%に対し，アイルランド8.0%，ハンガリー8.1%）にあることが示されています。但し，試算に用いられたアーミントンモデルが厳しい仮定を課していることを考慮すると，これら数値自体は参考程度であることに留意が必要です。そこで，話を進める前に，ベンチマークとなるアーミントンモデルへの批判についても触れておきましょう。

まず，貿易のメリットを議論する際における理論的な観点からの注意点です。古典的な貿易論のように比較優位に基づいた理論では，得意な財を生産して輸出することによって，貿易の利益が生じました。例えば，リカードモデルでは，比較優位のある財の生産に完全特化することを思い出してください。

106

第4章　自由貿易のメリットをみてみよう

　一方，アーミントンモデルでは比較優位が存在しないので，生産の特化による貿易のメリットはありません。また，アーミントンモデルでは財の数が国の数に固定されているので，貿易を開始することによって財の種類が増えることによる貿易のメリットもありません。この点においても，第2章第2節（独占的競争）2.2（同質的な企業）の数値例でみたような，財の種類が増えて社会厚生が改善した場合とは異なります。こうした性質のため，アーミントンモデルでは，貿易自由化によるメリットを過小評価する傾向にあるといわれています。

　次に，実証研究を行う上で，アーミントンモデルとデータの関係（ギャップ）について，懸念すべき点に触れておきましょう。実は，本節で見たような単純なアーミントンモデルを，データによって検証することは自明なことではありません。アーミントンモデルでは，①中間財への支出割合がゼロ，②貿易収支が均衡している，と仮定されているからです。こうした仮定によると，GDPは総生産と一致し，総支出はGDPと一致します。しかし，実際のデータではどちらも正しくありません。もし，閉鎖経済への移行が貿易収支の不均衡解消を意味するのであれば，（1）式は，実質支出の変化というより，実質所得の変化をとらえることになります。では，次節からは，より現実的なモデルによる試算を行うと，どのように結果が変わるかについてみていきましょう。

1.2　貿易抵抗の影響

摩擦がない世界

　まず，ベンチマークとして，貿易を行う上で何ら摩擦がない（frictionless）世界の重力モデルから始めましょう。距離や国境などが貿易に影響を与えない世界です。議論にあたっていくつかの仮定を設けます。それぞれの受取り国は，すべての送出し国からの財を需要します。また，市場では需要と供給は一致し，貿易費用がない状態で完全な裁定が成立しているとします。X_{ij}：i国からj国への輸出フロー，E_j：j国による支出，Y_i：i国の売上（sales），Y：世界の売上とすると，貿易が完璧に円滑に行われる均質な世界では，j国における支出のうちi国からj国への輸出の占める割合は，世界における支出のうちi国か

107

らの輸出の占める割合（i 国の売上割合）と同じになります。

$$\frac{X_{ij}}{E_j} = \frac{Y_i}{Y}$$

この式より，i 国から j 国への輸出フロー X_{ij}（重力式）は，

$$X_{ij} = \frac{Y_i E_j}{Y} \tag{1}$$

と表されます。この式で，$Y_i : i$ 国の売上を所与とすると，$X_{ij} : i$ 国から j 国への輸出フローは，$E_j : j$ 国による支出に比例します。この関係は，GDP などの国家の規模と輸出が比例するという現実（データ）によく合致しています。

市場の清算（market clearance）は，

$$\sum_j X_{ij} = Y_i \tag{2}$$

「i 国からの輸出フローの総計 ＝ i 国の売上」を意味します。また，世界の予算制約は，$\sum_j E_j = \sum_i Y_i = Y$（すべての国の支出＝すべての国の売上の総計＝世界の売上）となります。（1）式を j について足し合わせると，

$$\sum_j X_{ij} = \sum_j \frac{Y_i E_j}{Y} = \frac{Y_i \sum_j E_j}{Y}$$

ここで，世界の予算制約から得られる $\dfrac{\sum_j E_j}{Y} = 1$ を使用すると，（1）式は（2）式になり，（1）式は市場均衡の条件と一貫性があることがわかります。さらに，もし，各国ごとに貿易に係る予算制約が均衡する条件を課す（i 国による支出 ＝ i 国による売上（$E_i = Y_i$）：輸出で稼いだお金を輸入に使用するという貿易均衡）と，（1）式は $X_{ij} = \dfrac{Y_i Y_j}{Y}$ という特殊形になります。

ここで，世界の売上に占める i 国による売上の割合を $s_i = \dfrac{Y_i}{Y}$ と定義します。また，議論を簡単にするために，各国において貿易が均衡している（$E_i = Y_i$）としましょう。すると，（1）式は，

第4章　自由貿易のメリットをみてみよう

$$X_{ij} = s_i s_j Y$$

と表すことができます。この式は，①どのような国も，規模が大きな相手国と，より多くの貿易をすること，②小さな国ほど，より開放度が高くなること，③急速に成長している国家間ほど，世界貿易にしめる割合が増加していること，を意味しています。小さな国（s_j が小さい国）ほど，開放度（$\frac{\sum\limits_{i \neq j} X_{ij}}{Y_j}$）がより高くなることは，$\frac{\sum\limits_{i \neq j} X_{ij}}{Y_j} = \frac{\sum\limits_{i \neq j} s_i s_j Y}{Y_j} = \frac{Y_j}{Y} Y \frac{\sum\limits_{i \neq j} s_i}{Y_j} = \sum\limits_{i \neq j} s_i = 1 - s_j$ が，s_j の減少関数であることから導かれます。また，急速に成長している国家間（s_i 及び s_j の成長率が高い国家間）ほど，世界貿易にしめる割合（$\frac{X_{ij}}{Y}$）が増加していることは，以下の説明より導かれます。$\hat{x}$ を x の成長率を表すとしましょう。すると，$x = yz$ は，$dlnyz = dlny + dlnz = \hat{y} + \hat{z}$ より，$\hat{x} = \hat{y} + \hat{z}$ ；$x = \frac{y}{z}$ は，$dln\frac{y}{z} = dlny - dlnz = \hat{y} - \hat{z}$ より，$\hat{x} = \hat{y} - \hat{z}$ となります。これらを使用すると，$\frac{X_{ij}}{Y} = s_i s_j$ の成長率は $\hat{s}_i + \hat{s}_j$ となります。ここで $\hat{s}_i = \widehat{Y_i} - \widehat{Y}$ です。

摩擦のある世界

　貿易は，重力式（1）式が示すよりもかなり小さいものです。例えば，（1）式をアメリカ（US）の売上 Y_{US} で割り，アメリカ以外の世界の国（ROW）との関係を見ると，$\frac{X_{US, ROW}}{Y_{US}} = \frac{E_{ROW}}{Y}$ となります。ここで，均衡貿易（$E_i = Y_i$）を仮定すると，$\frac{E_{ROW}}{Y} = \frac{Y_{ROW}}{Y}$ となり，$\frac{X_{US, ROW}}{Y_{US}} = \frac{Y_{ROW}}{Y}$ と表されます。アメリカは世界の GDP の25％を占めるため，この関係式に基づくと，アメリカからの輸出はアメリカの GDP の75％でなくてはいけませんが，実際には，10％から15％程度です。

　この差はどうして生じるのでしょうか。重力式（1）式は貿易に係る摩擦のない世界を想定していますが，実際には，摩擦が存在します。例えば，貿易は二国間の距離が離れると急激に減少します。i 国と j 国の間の距離を反映する効果を D_{ij} として，その効果を考慮した重力式を次のように表してみましょう。

109

$$X_{ij} = \frac{Y_i E_j}{Y} \frac{1}{D_{ij}} \tag{3}$$

（3）式のような重力式では，距離が2倍になると貿易が半分になるというように，貿易に係る摩擦を考慮できるようになります。例えば，距離が離れるほど輸送費が増加し，貿易は減少します。（3）式は距離が離れると貿易量が減るという実際のデータに大変よく合致します。

　貿易に係る摩擦には，国境の影響もあります。国境をまたぐと，さらに貿易量が減るというものです。例えば，d_{ij} を i 国と j 国の間の距離としたときに，i 国と j 国をまたぐ国境の効果を，$i \neq j$ の場合に $B_{ij} > 1$，但し，$B_{ii} = 1$（国内取引の場合）として，$D_{ij} = d_{ij} B_{ij}$ と表したものを（3）式に使用すれば，こうした国境の効果を考慮できます。国境をまたぐ取引の場合に関税などの費用が掛かれば，貿易量が減少します。また，こうした国境の効果は，すべての国に対して同じではなく，国ごとに異なる値を設定することもできます。さらに，国境の効果は，使用言語の差異，国家が隣接しているかどうか，過去の植民地支配の関係などを含めた精緻化もできます。

　実は，ここで取り扱われている貿易に係る摩擦は，関税のように測定できる貿易費用だけではなく，それ以上のものを含んだ幅広い概念になっています。例えば，貿易を行うために必要な情報収集に係る費用（貿易は売り手と買い手をマッチングさせないといけませんがそうしたサーチ費用や現地での商慣行など）及び規制やライセンシングなどのような貿易に影響を与える非金銭的な障害などです。距離や国境は，輸送費や関税だけでなく，政治的・文化的な要因が貿易に与える影響のように，エコノミストが直接観察できないようなその他の費用に対する代理変数になっています。

　最後に，ニュートンの重力の法則にヒントを得た（3）式は経済理論に依拠したものではありません。また，（3）式のような元祖重力モデルともいうべき関係式は，市場清算という経済学の条件（（2）式）を満たしていません。つまり，

110

$$\sum_j \frac{Y_i E_j}{Y} \frac{1}{d_{ij}^{\delta}} \neq Y_i$$

です。市場清算が満たされるのは，$\delta=0$（摩擦のない世界）という特別な場合だけです。

構造重力式

経済理論は，次のような構造重力式と呼ばれる支出割合を導出します。

$$\frac{X_{ij}}{E_j} = \frac{Y_i}{Y} \left(\frac{D_{ij}}{\Pi_i P_j} \right)^{1-\sigma} \tag{4}$$

Π_i：外向的多国的貿易抵抗（i国からすべての受入れ国に向けた二国間貿易の費用の指標：すべての受入れ国（買い手）に対して，売り手であるi国が負担する貿易費用の平均的分与），P_j：内向的多国的貿易抵抗（すべての送出し国からj国に向けた二国間貿易の費用の指標：すべての送出し国（売り手）に対して，買い手であるj国が負担する貿易費用の平均的分与），但し，Π_iとP_jはエコノミストが観察することができません。また，$\sigma>1$とします。すると，D_{ij}に対する貿易の弾力性は$1-\sigma<0$となります。

Π_iとP_jは，市場清算（財市場均衡条件）：$\sum_j X_{ij} = Y_i$（i国からの輸出フローの総計＝i国の売上）と予算制約（貿易均衡条件）：$\sum_i X_{ij} = E_j$（j国におけるすべての国からの輸入＝j国による支出）を満たす均衡値をとります（関連：第3章第2節（重力モデルとは何か）2.3（理論的根拠を伴う重力モデル／多国的貿易抵抗）における（4）式の導出）。（4）式における右辺の$\frac{Y_i}{Y}$は，摩擦がない場合の支出割合の予見，$\left(\frac{D_{ij}}{\Pi_i P_j} \right)^{1-\sigma}$は貿易にかかる摩擦の効果です。

構造重力式（4）式は，異なるモデルにおける相対価格の作用を表しています。財が相対的に同質である場合にはモデル3，一方，差別化された財の場合には，モデル1と2の解釈が妥当でしょう。モデル1：消費者（または生産者）が消費する（生産に使用する）財の種類からメリットを受ける場合。この場合，σは異なる種類の財の間の代替の弾力性となります。大きな値のσは，財がより代替的

であることを示し、逆に、小さな値のσは、財が代替的でないことを示しています。モデル2：自動車やスマホのように、消費者（または生産者）は理想とする財の種類が異なっており、（4）式がi国の種類を好む買い手の割合を与えている場合。その割合は確率分布で特徴づけられ、大きな値のσは、その確率分布の分散が大きいことを示唆しており、消費者の嗜好に大きなばらつき（非同質性）があることを意味します。モデル3：消費者は生産地によって差別化されていない財の集合を需要し、それぞれの地域や財の生産者は、確率分布で特徴づけられた生産性が異なる場合。この場合、送出し国と受入れ国の貿易ペアは、一番安い費用によって決まります。（4）式は、i国によって生産されj国に売られる財の割合になります。大きな値のσは、確率分布の分散が大きいことを示唆しており、生産性に大きなばらつき（非同質性）があることを意味します。

国境のパズル

重力式（4）式を用いて、国境のパズルについて考えてみましょう。カナダのブリティシュ・コロンビア州とオンタリオ州のようにカナダの2つの州の間における貿易を$X_{BC,ON}$、カナダのブリティシュ・コロンビア州とアメリカのオハイオ州のようにカナダの州とアメリカの州の間の貿易を$X_{BC,OH}$とします。もし、多国的貿易抵抗の項がない場合には、支出割合は距離の比として表されます。

$$\frac{\dfrac{X_{BC,ON}}{E_{ON}}}{\dfrac{X_{BC,OH}}{E_{OH}}} = \left(\frac{D_{BC,ON}}{D_{BC,OH}}\right)^{1-\sigma}$$

こうした伝統的な重力式に基づいた実証分析では、カナダの2つの州の間における貿易は、カナダの州とアメリカの州の間の貿易より22倍大きいことが示されています。しかし、カナダとアメリカの間では貿易に係る障壁がさほど高くないことを考えると、この数字は大きすぎます（国境のパズル）。

こうしたパズルが生じるのは、伝統的な重力モデルが、経済理論に対応して

いないからです。そこで，多国的貿易抵抗の項を含む（4）式を用いると，

$$\frac{\dfrac{X_{BC,ON}}{E_{ON}}}{\dfrac{X_{BC,OH}}{E_{OH}}}=\left(\frac{D_{BC,ON}}{D_{BC,OH}}\frac{P_{OH}}{P_{ON}}\right)^{1-\sigma}$$

となります。もし，$\dfrac{P_{OH}}{P_{ON}}>1$ であれば，右辺の $\dfrac{D_{BC,ON}}{D_{BC,OH}}$ で表された国境の効果が減ることになります。こうした構造重力式に基づいた実証分析では，国境は，カナダ・アメリカ間の貿易を44%程度減らすことが示されています。22倍という非現実的な数字と比べると現実味を帯びた値であり，構造重力式に基づいた実証分析を用いると，国境のパズルは解決されると考えられています。

貿易のメリット——数値列

　自国で生産されない財を消費できるようになることで貿易からのメリットが生じます。貿易に係る摩擦を減らすと，そうしたメリットが増加することを見ていきましょう。

　自給自足の閉鎖経済と比べて，貿易のある開放経済のメリットは，

$$G=\left(\frac{X_{ii}}{Y_i}\right)^{\frac{1}{(1-\sigma)}}-1 \tag{7}$$

と表せます。例えば，自給自足の場合，$\dfrac{X_{ii}^A}{Y_i^A}=1$ より，貿易のメリット G は 0 となります。仮に，$\sigma=6$ としましょう。アメリカでは $\dfrac{X_{ii}}{Y_i}=0.85$ とすると，$G^{US}=0.033$，または 3.3% となります。一方，ドイツでは $\dfrac{X_{ii}}{Y_i}=0.60$ とすると，$G^{DE}=0.108$，または 10.8% となります。重力モデルでは，貿易のメリットは自国の財の割合 $\dfrac{X_{ii}}{Y_i}$ に反比例します。貿易からのメリットは，自国で生産されない財を消費できるようになることで生じるからです。

　また，σ が増加すると，貿易のメリット G は減少します。例えば，$\sigma\to\infty$ に

なると $G \to 0$ になります。σ は自国の財と外国の財の代替性を示しているので，両財が完全に代替できるのであれば，どちらの財でも構わないという意味で貿易をする必要がなくなるので，貿易のメリットも生じません。

ここでの貿易のメリット G の表記は，前述の表記 $G_j = 1 - \lambda_{jj}^{\frac{1}{\varepsilon}}$ と違いますが，基本的に変わりません。例えば，$\dfrac{X_{ii}}{Y_i} = 0.85$ より $\lambda_{jj} = 0.85$，$\sigma = 6$ と $\varepsilon = (\sigma - 1)$ より $\varepsilon = 5$ をそれぞれ $G_j = 1 - \lambda_{jj}^{\frac{1}{\varepsilon}}$ に代入すると，$G_j = 0.032$（または3.2%）が得られます。

次に，摩擦のない世界に移行したら，どのくらい貿易のメリットがあるかを見てみましょう。自給自足の閉鎖経済と比べて，摩擦のない世界における貿易のメリットを計算してみます。例えば，アメリカは世界のGDPのうち25%を占めるという数値を使うと，（1）式より，$\dfrac{X_{ii}^*}{Y_i^*} = \dfrac{Y_i}{Y} = 0.25$ となります。$\sigma = 6$ と仮定して，この数値を（7）式に代入すると，$G^* = 0.32$（または32%）となります。摩擦のある世界に比べて，摩擦のない世界では，貿易のメリットが28.7%（$= 32 - 3.3$）も大きいことになります。

2 モデルの拡張

2.1 類似点や相違点

本節のポイントは，様々なモデルでもアーミントンモデルの枠組みが当てはまることです。詳しい議論を見る前に，様々なモデルとアーミントンモデルとの類似点や相違点を概観しておきましょう。

アーミントンモデルは扱いやすいため，長い間貿易政策の数値分析に使用されてきました。同時に，反事実的な事象に対する予想結果の適正については学術的に懐疑的にみられていました。各国が外生的に差別化された財を付与されているという特別な仮定を使用していたからです。

しかし，最近では，そうした仮定を用いなくても，アーミントンモデルの取り扱いやすい点は維持できる，つまり，基本的な考え方は同じことがわかっています。アーミントンモデルでの反事実的な分析に使われる（後述する）重力

式（5）式は，様々な技術や市場構造（完全競争，ベルトランド競争，同質的な企業のもとでの独占的競争，非同質的な企業のもとでの独占的競争）などの仮定の下でも成立するのです（類似点）。

但し，貿易からのメリットの程度（大きさ）はモデルによって異なります（相違点）。これは，二国間貿易フローや貿易の弾力性といった同じマクロデータを異なるモデルに使用するのですが，モデルによって異なった反事実的な閉鎖経済均衡を予見するためです（異なった重力モデルは，暗に異なった二国間貿易費用や他の構造変数の値に依存することになります。例えば，貿易の弾力性 $\varepsilon=5$ とすると，$\varepsilon=(\sigma-1)$：（アーミントンモデルの場合），$\varepsilon=(1+\eta)(\sigma-1)$：（後述する1部門モデルの場合）では，代替の弾力性 σ の値が違ってきます）。

2.2 アーミントンモデル

アーミントンモデルのもとで導出される重力式が，アーミントンモデル以外のいろんなモデルにも当てはまることを含め，その類似点や相違点を少し詳しく見ていきましょう。

まずは，アーミントンモデルを振り返ることから始めましょう。$i=1,...,n$ の国があり，それぞれの国は Q_i 単位の差別化された財 $i=1,...,n$ を付与されているとします。

嗜好

$$C_j=\left(\sum_{i=1}^{n}\phi_{ij}^{\frac{1-\sigma}{\sigma}}C_{ij}^{\frac{\sigma-1}{\sigma}}\right)^{\frac{\sigma}{\sigma-1}} \tag{1}$$

C_{ij} は j 国における i 国からの財への需要，$\phi_{ij}>0$ は外生的に与えられる嗜好の変数，$\sigma>1$ は異なった国からの財の間における代替の弾力性とします。消費者価格指数は，

$$P_j=\left(\sum_{i=1}^{n}\phi_{ij}^{1-\sigma}P_{ij}^{1-\sigma}\right)^{\frac{1}{1-\sigma}} \tag{2}$$

但し，P_{ij} は j 国における i 国からの財の価格とします（本章では，前章とは

115

違った表記を使用しています）。

	本章	前章
嗜好	ψ_{ij}	a_{ij}
需要	C_{ij}	q_{ij}
種類（＝国）	$i=1,...,n$	$\omega, i \in S$

貿易費用

氷山的な貿易費用を仮定し，j 国において財一単位を販売するために，i 国の企業は $\tau_{ij} \geq 1$ 単位の財を送付しています。但し，$\tau_{ii}=1$ とします。また，裁定の機会がないとすると，$P_{ij}=\tau_{ij}P_{ii}$ が成立していないといけません。ここで，財 i の国内価格 P_{ii} は，i 国の総所得 Y_i とその賦存量 Q_i の関数として次のように表せます。

$$P_{ii} = \frac{Y_i}{Q_i}$$

この 2 つの式から，

$$P_{ij} = \frac{Y_i \tau_{ij}}{Q_i} \tag{3}$$

となります。

貿易フロー

最後に，重力式を導出します。j 国が i 国から輸入した総価値 X_{ij} は，

$$X_{ij} = \left(\frac{\psi_{ij}P_{ij}}{P_j} \right)^{1-\sigma} E_j \tag{4}$$

この（4）式は，第 3 章第 3 節（重力モデルと経済理論）3.1（需要——CES モデル）（3）式（総貿易の価値）と同じものであり，前章で示されている（3）式と

116

同様な計算により導出できます。本章の E_j と ϕ_{ij} が，それぞれ，前章の X_j と a_{ij} に対応しています。

ここで，（2）式（3）式並びに（4）式より，

$$X_{ij} = \frac{(Y_i \tau_{ij})^{1-\sigma} \chi_{ij}}{\sum\limits_{l=1}^{n} (Y_l \tau_{lj})^{1-\sigma} \chi_{lj}} E_j$$

と書くことができます。但し，$\chi_{ij} \equiv \left(\dfrac{Q_i}{\phi_{ij}}\right)^{\sigma-1}$ です。また，アーミントンモデルでは，$\varepsilon = (\sigma - 1)$ であることから，この式は，

$$X_{ij} = \frac{(Y_i \tau_{ij})^{-\varepsilon} \chi_{ij}}{\sum\limits_{l=1}^{n} (Y_l \tau_{lj})^{-\varepsilon} \chi_{lj}} E_j \tag{5}$$

となります。（5）式を本節での重力式と呼びましょう。因みに，本章第1節（アーミントンモデル）1.1（貿易メリットの計測）における実証分析のために用いられた重力式（2）式は，この（5）式の対数 ln をとったものです。

2.3 さまざまなモデル

次に，それぞれの国で CES 効用関数を持つ代表的な個人と貿易収支の均衡（総支出＝総所得：$E_i = Y_i$）が仮定されているモデルを考えます。また，代表的個人は，連続的に表された財（またはその種類）$\omega \in \Omega$ について次のような嗜好があるとします（但し，$\sigma > 1$ とします）。

$$C_j = \left(\int_{\omega \in \Omega} c_j(\omega)^{\frac{\sigma-1}{\sigma}} d\omega\right)^{\frac{\sigma}{(\sigma-1)}}$$

嗜好

ここでのポイントは，j 国における i 国からの財の価格 P_{ij} の変化が，アーミントンモデルでは考慮されていなかったような，より複雑な経路を内包するということです。では，前述のアーミントンモデルと比べてみましょう。

類似点：（1）式，（2）式

　均衡では，それぞれの財 ω は一国だけから輸入されるので，j 国における i 国からの財の総消費量を $C_{ij}=\int_{\omega\in\Omega_{ij}}c_j(\omega)^{\frac{\sigma-1}{\sigma}}d\omega$ と置き換えれば，（1）式は成立します。但し，$\Omega_{ij}\subset\Omega$ は j 国が i 国から購入する財の集合を表し，財の種類の対称性からすべての国のペア（i と j）について $\phi_{ij}=1$ とします。

　同様に，j 国における i 国からの財の総価格を $P_{ij}=\left(\int_{\omega\in\Omega_{ij}}p_j(\omega)^{1-\sigma}d\omega\right)^{\frac{1}{(1-\sigma)}}$ と置き換えて，すべての i と j について $\phi_{ij}=1$ とすると，（2）式も成立します。ここまでは類似点です。

相違点：（3）式

　では，相違点は何かというと，異なった技術や市場構造の仮定の違いから，Ω_{ij} が，アーミントンモデルのように外生的に所与とならない所です。どういうことかというと，拡張されたモデルにおいては，i 国からの企業は，<u>利潤が出なければ，j 国における財の一部の生産や販売をやめるかもしれないという</u>ことです。このため，（3）式が変わってきて，価格の変化 P_{ij} は，①貿易の内延（intensive margin）の変化：j 国において輸入された財の価格の変化，$p_j(\omega)$ だけでなく，②貿易の外延（extensive margin）の変化：j 国において輸入された財の集合（どんな種類の財が輸入されるか）の変化，Ω_{ij} を反映する可能性が出てきます。特に，②は，j 国において i 国のどのような企業から輸入するかが変わってくること（選抜：selection）や i 国において異なった企業が参入してくること（参入：entry）によって影響を受けます。詳しい導出はしませんが，$P_{ij}=$①輸入財の価格変化（intensive margin）＋②輸入財の集合の変化：選抜（extensive margin：selection）＋②輸入財の集合の変化：参入（extensive margin：entry）のように3つの部分に分解できます。

　参考までに数式で書くと，

$$P_{ij}=\tau_{ij}c_i^p\times\left(\left(\frac{E_j}{c_{ij}^x}\right)^{\frac{\delta}{1-\sigma}}\frac{\tau_{ij}c_i^p}{P_j}\right)^{\eta}\times\left(\frac{R_i}{c_i^e}\right)^{\frac{\delta}{1-\sigma}}\times\xi_{ij}$$

第4章　自由貿易のメリットをみてみよう

$\tau_{ij}c_i^p$：貿易の内延（intensive margin）

$\left(\left(\dfrac{E_j}{c_{ij}^x}\right)^{\frac{\delta}{1-\sigma}}\dfrac{\tau_{ij}c_i^p}{P_j}\right)^{\eta}$：貿易の外延（extensive margin のうち selection（選抜））

$\left(\dfrac{R_i}{c_i^e}\right)^{\frac{\delta}{1-\sigma}}$：貿易の外延（extensive margin のうち entry（参入））

c_i^p：内生変数，投入物の価格が生産の可変費用にどのような影響を与えるかをとらえる

c_i^e：内生変数，投入物の価格が固定参入費にどのような影響を与えるかをとらえる

c_{ij}^x：内生変数，投入物の価格が固定輸出費にどのような影響を与えるかをとらえる

$E_j\equiv\sum_{i=1}^{n}X_{ij}$：$j$ 国における総支出

$R_i\equiv\sum_{j}X_{ij}$：生産者の総売上もしくは総収入

$\xi_{ij}>0$：可変貿易費用とは違う賦存量や固定輸出費のような構造変数の関数

となります。

　アーミントンモデルにおける 輸入財の価格$P_{ij}=\dfrac{Y_i\tau_{ij}}{Q_i}$（（3）式）は，上記の一般化した P_{ij} の特殊形になります。（3）式は，一般化した P_{ij} において，$c_i^p=Y_i$, $\delta=0$ 並びに $\eta=0$ を仮定したものです。投入物の価格が生産の可変費用にどのような影響を与えるかをとらえる変数である c_i^p が，i 国における総所得 Y_i と同じであるという仮定は少しわかりづらいかもしれません。しかし，例えば，労働が唯一の生産要素である場合などが相当します。その場合，生産費用は賃金に比例し，賃金は国家の総所得に比例するからです。$\delta=0$ 及び $\eta=0$ の仮定については少し詳しく説明しましょう。

　本章で紹介される数値例の分析では，δ と η という2つの変数が重要な役割を果たします。δ は市場構造を特徴づけるダミー変数で，自由参入を伴う独占的競争のもとでは $\delta=1$，一方，完全競争やベルトラン競争のもとでは $\delta=0$ となります。$\eta\geq0$ は財の種類の非同質性の程度に関連したものです。ま

119

表 4.1　モデル毎の特徴

アーミントンモデル	①項だけ	―
独占的競争モデル （同質的な企業と固定輸出費用） 例：クルーグマン（1980）	②もし $\eta=0$ なら， selection 効果なし	全企業が常に輸出
独占的競争モデル （非同質的な企業やベルトランドモデル） 例：メリッツ（2003）	②もし $\eta>0$ なら， selection 効果あり	企業が輸出を開始したり やめたりする
独占的競争で，自由参入（$\delta=1$）がある モデルのみ	②$\delta=1$，entry 効果あり	より多くの種類を輸出

とめると，①財の種類の非同質性と関連した選抜効果は，$\eta=0$ か $\eta>0$ に設定するかどうかで決まり，②自由参入を伴う独占的競争と関連した参入効果（または規模の効果）は，$\delta=0$ か $\delta=1$ に設定するかどうかで決まります。

　選抜（selection）の項に関しては，i 国からの企業が，j 国の市場で活動するほかの企業より競争力が劣る場合には，j 国の市場で活動する i 国からの企業数は少なくなり（つまり，j 国において i 国からの財の種類が減り），価格 P_{ij} があがることになります。

　参入（entry）の項に関しては，独占的競争で，自由参入（$\delta=1$）があるモデルのみに生じるもので，企業が同質的か非同質的かどうかを問いません。参入により利潤が増えるような国々は，すべての国々へより多くの種類を輸出します。

　モデルを拡張することにより（3）式が変わると，（4）式や（5）式も少し複雑な形になります。しかし，複雑なモデルを考える場合にでも，（5）式で表されているような重力式の基本的な考えは変わらないのです（表 4.1）。

③　社会厚生の数値化

　モデルを拡張することにより，アーミントンモデルのもとで得られた貿易のメリットは，どのように変化するのでしょうか。まず，需要面を拡張したモデルから見ていきましょう。

3.1 1部門モデル

代表的個人が次のような選好を持つ場合を考えます。

$$C_j = \left(\int_{\omega \in \Omega} c_j(\omega)^{\frac{\sigma-1}{\sigma}} d\omega \right)^{\frac{\sigma}{(\sigma-1)}}$$

但し，$\sigma > 1$とします。もし，①すべての生産要素が，すべての種類の財の生産，輸出並びに（参入のための）開発において，同じ比率で使用され（$c_i^p = c_{ii}^x = c_i^e = Y_i$），②財の貿易が均衡していれば（生産者の総収入＝総所得：$R_i = Y_i$），輸入財の価格 $P_{ij} = \tau_{ij} c_i^p \times \left(\left(\frac{E_j}{c_{ij}^x} \right)^{\frac{\delta}{1-\sigma}} \frac{\tau_{ij} c_i^p}{P_j} \right)^{\eta} \times \left(\frac{R_i}{c_i^e} \right)^{\frac{\delta}{1-\sigma}} \times \xi_{ij}$ は，$P_{ij} = \tau_{ij} Y_i \left(\left(\frac{E_j}{c_{ij}^x} \right)^{\frac{\delta}{1-\sigma}} \frac{\tau_{ij} Y_i}{P_j} \right)^{\eta} \xi_{ij}$ となります。

このとき重力式は，

$$X_{ij} = \frac{(Y_i \tau_{ij})^{-\varepsilon} (c_{ij}^x)^{-\delta \eta} \chi_{ij}}{\sum_{l=1}^{n} (Y_l \tau_{lj})^{-\varepsilon} (c_{lj}^x)^{-\delta \eta} \chi_{lj}} E_j$$

と表されます。但し，貿易の弾力性 $\varepsilon = (1+\eta)(\sigma-1)$，また，$\chi_{ij} \equiv \xi_{ij}^{1-\sigma}$ となり，アーミントンモデルでの貿易の弾力性 $\varepsilon = (\sigma-1)$ とは異なっています。このため，選抜効果がある（$\eta \neq 0$）場合，貿易の弾力性の構造的な解釈が，アーミントンモデルのものとは異なってくることに注意が必要です。その理由は，この1部門モデルでは，可変貿易費用の変化が，現存するいろんな種類の価格（intensive margin）だけでなく，i国からj国へ販売される財の種類の中身（extensive margin：財の種類が変わってくる可能性）にも影響を与えるようになったためです。アーミントンモデルでは，前者（intensive margin）しか考慮していません。

しかし，こうした違いにもかかわらず，上記の重力式がアーミントンモデルにおける重力式（5）式に似ていることから推測できるように，アーミントンモデルの場合と同じようなアプローチで，貿易の弾力性 ε を推定できます。

結局，貿易のメリット G_j は

$$G_j = 1 - \lambda_{jj}^{\frac{1}{\varepsilon}}$$

とアーミントンモデルの時と同じ形で表されます。λ_{jj} は国内財に対する支出の割合を，ε は貿易の弾力性を表しています。国内財に対する支出の割合である λ_{jj} は，社会厚生に重要である唯一のマクロ変数です。このことは，①λ_{jj} は交易条件の効果がどの程度かを測定しており，②価格指数は，交易条件の効果がどの程度かに依存しており，③実質生産の変化は，全体的な価格指数の変化の関数であることを考えるとわかりやすいでしょう。

一方，貿易の弾力性 ε が，社会厚生にとって重要である唯一の構造変数となることは，η でとらえられている選抜効果が国家間で同一であるという特別な仮定と関連しています。

いずれにせよ，一部門モデルでは G_j が同じ形で表されるため，社会厚生の変化はアーミントンモデルと同じになります。例えば，どちらのモデルにおいても，国内財に対する支出の割合である λ_{jj} のデータが同一で，貿易の弾力性 ε も $\varepsilon=5$ のように同じ値を使用すると，貿易のメリットは同じ値になります。

3.2 多部門モデル

これまでは部門が1つしかありませんでしたが，上位層がコブダグラス型，下位層が CES 型のような2層の効用関数を仮定することにより，$s=1,...,S$ のような多部門に，重力モデルを拡張できます。例えば，それぞれの国の代表的個人は

$$C_j = \prod_{s=1}^{S} C_{j,s}^{\beta_{j,s}}$$

を最大化するように行動すると仮定します。但し，$\beta_{j,s} \geq 0$ は $\sum_{s=1}^{S} \beta_{j,s} = 1$ を満たすような外生的な嗜好の変数であり，j 国における合成財 s の総消費 $C_{j,s}$ は

$$C_{j,s} = \left(\int_{\omega \in \Omega} c_{j,s}(\omega)^{\frac{(\sigma_s-1)}{\sigma_s}} d\omega \right)^{\frac{\sigma_s}{(\sigma_s-1)}}$$

を表しています。ここで，$\sigma_s > 1$ は異なった種類の間の代替の弾力性で，部門毎に違っていても構いません。

多部門モデルに拡張しても，アーミントンモデルで議論した基本的な考え方

第4章　自由貿易のメリットをみてみよう

は変わりません。多部門重力モデルでも，それぞれの種類は一国のみで生産されるので，$C_{j,s} = \left(\sum_{i=1}^{n} C_{ij,s}^{\frac{(\sigma_s-1)}{\sigma_s}}\right)^{\frac{\sigma_s}{(\sigma_s-1)}}$（本章第2節（モデルの拡張）2.2（アーミントンモデル）における（1）式の部門版）も成立します。但し，$C_{ij,s} = \int_{\omega \in \Omega_{ij,s}} c_{j,s}(\omega)^{\frac{(\sigma_s-1)}{\sigma_s}} d\omega$ となります。また，消費者価格指数は $P_j = \prod_{s=1}^{S} P_{j,s}^{\beta_{j,s}}$ となります。但し，部門ごとの価格指数は $P_{j,s} = \left(\sum_{i=1}^{n} P_{ij,s}^{1-\sigma_s}\right)^{\frac{1}{(1-\sigma_s)}}$（本章第2節（モデルの拡張）2.2（アーミントンモデル）における（2）式の部門版）となります。また，$P_{ij,s} = \left(\int_{\omega \in \Omega_{ij,s}} p_{j,s}(\omega)^{(1-\sigma_s)} d\omega\right)^{\frac{1}{(1-\sigma_s)}}$ となっています。要は，いくつかの変数が部門ごとに自由に変わるようになります（添え字 s がつく）が，それ以外の変数は今までの解釈が部門ごとに当てはまることになります。

　この場合，貿易のメリットは以下のように表されます。

$$G_j = 1 - \prod_{s=1}^{S} \left(\lambda_{jj,s} \left(\frac{e_{j,s}}{r_{j,s}}\right)^{\delta_s}\right)^{\frac{\beta_{j,s}}{\varepsilon_s}} \tag{1}$$

但し，$e_{j,s} \equiv \dfrac{E_{j,s}}{E_j}$ は j 国における総支出のうち，s 部門に配分される割合，$r_{j,s} = \dfrac{R_{j,s}}{R_j}$ は j 国における総収入のうち，s 部門から生み出された割合です。それ以外のすべての変数は，部門ごとに異なった値をとること以外，以前と同じ解釈です。

　独占的競争下における多部門重力モデルにより予見される貿易のメリットは，完全競争下における多部門重力モデルにより予見される貿易のメリットとは異なります。これは，（1）式に δ_s が表れているように，規模の効果（scale effects）があるためです。一方，選抜効果は，貿易のメリットの全般的な程度に影響ありません。（1）式に η_s が表れていないので，観察された貿易フローや貿易の弾力性のもと，企業の同質性を仮定した独占的競争の多部門重力モデルと企業の非同質性を仮定した独占的競争の多部門重力モデルによって予見される貿易のメリットは，同じになります（表4.2）。

　では，モデル毎に比較をしてみましょう。貿易のメリットを計算してみると，

表 4.2　多部門モデルの貿易メリット

δ_s 市場構造	＝1　独占的競争（多部門） ＝0　完全競争（多部門）	貿易のメリット 違　う
η_s 選抜効果	なし　独占的競争（企業非同質的） なし　独占的競争（企業同質的）	貿易のメリット 同　じ

2 つの特徴があります。①完全競争のもと多部門モデルが予見する貿易のメリットと独占的競争のもと多部門モデルが予見する貿易のメリットを比べると，どちらが大きいとは言えません。国によって結果が違ってくるのです。②完全競争や独占的競争のどちらのもとでも多部門モデルが予見する貿易のメリットは，一部門モデルが予見する貿易のメリットより大きくなります。

　それぞれの結果について考えてみましょう。まず，多部門モデルが予見する貿易のメリットは，一部門モデルが予見する貿易のメリットより大きくなるのははぜでしょう。これはコブダグラス型の選好が一因です。この仮定のため，ある国が閉鎖経済に移行すると，ある財を生産できないので，その財の価格は上昇します。すると，貿易からのメリットは無限に大きくなるわけです。こうした状況は，①自国でその財を生産する費用がかなり大きい（国内財への支出割合 $\lambda_{jj,s}$ が 0 に近い），②外国からの財の種類の豊富さが大事（貿易の弾力性 ε_s が 0 に近い），ときに起こります。

　次に，完全競争のもと多部門モデルが予見する貿易のメリットと独占的競争のもと多部門モデルが予見する貿易のメリットを比べると，どちらが大きいとは言えないのはなぜでしょうか。これは，国によって参入効果（（1）式の $\Pi_{s=1}^{S}\left(\dfrac{e_{j,s}}{r_{j,s}}\right)^{\frac{\beta_{j,s}\delta_s}{\varepsilon_s}}$）が正反対に働くためです。

　これはどういうことでしょうか。例えば，もし j 国が規模の効果が強く働く財に比較優位があるとき，そうした国は規模の効果が強い部門に貿易を特化できるので，規模の効果がない場合よりも貿易のメリットが大きくなります。数式で書けば，$\dfrac{e_{j,s}}{r_{j,s}}$ が $\dfrac{\delta_s}{\varepsilon_s}$ と負の相関がある場合になります。

　一方，ある国が規模の効果が強く働く財に比較劣位のとき，そうした国は貿

易を開始すると損をするわけです。数式で書けば，$\frac{e_{j,s}}{r_{j,s}}$ が $\frac{\delta_s}{\varepsilon_s}$ と正の相関が
ある場合になります。このように，国によって正反対の効果が生じるため，国
によって結果が変わってきてしまうのです。

　最後に，（1）式を使って貿易のメリットを計算するには，すべての
$s=1,...,S$ について，$\lambda_{jj,s}$，$e_{j,s}$，$\beta_{j,s}$，$r_{j,s}$ 並びに ε_s が必要です。ここで紹介し
ている Costinot and Rodríguez-Clare（2014）の試算では，2008年における
WIOD の31部門のデータ及びサービス部門の貿易の弾力性は（前節までの）総
部門の弾力性と同じ 5，農業部門と工業部門の貿易の弾力性は Caliendo and
Parro（2010）の値を使用しています。もちろん，どのような値を使うかに
よって，貿易のメリットに関する結果は変わってくる可能性があります。実は，
こうした指摘は，本章すべての議論に当てはまることです。どのような値を代
入するかによって結果が変わってくるのかという感度の問題について興味のあ
る読者は，Costinot and Rodríguez-Clare（2014）を参照してみてください。

3.3　中間財貿易

　次に，供給面を拡張したモデルを見てみましょう。需要面においては前節ま
でと同じ嗜好（効用）の構造を想定していますが，中間財貿易や投入産出関係
を導入して，重力モデルの供給側面を拡張することもできます。それぞれの部
門 s において，多部門モデルにおける最終消費の議論の際に考えた合成財と同
じように，中間財の（種類に関しての）合成財が生産されるとして，

$$I_{j,s}=\left(\int_{\omega\in\Omega} i_{j,s}(\omega)^{\frac{(\sigma_s-1)}{\sigma_s}}d\omega\right)^{\frac{\sigma_s}{(\sigma_s-1)}}$$

と中間財を表します。但し，$i_{j,s}(\omega)$ は j 国の s 部門における中間財の生産に使
用された種類 ω の量を表します。また，部門レベルでの価格指数 $P_{j,s}$ は，前
節と同じく $P_{j,s}=\left(\sum_{i=1}^{n} P_{ij,s}^{1-\sigma_s}\right)^{\frac{1}{(1-\sigma_s)}}$ であり，j 国における s 部門の財（最終消費財と
中間生産財の両方とも）の集計価格を示しています。必要最低限の簡単なもの
ですが，このような中間財の仮定を導入すると，二国間貿易フローは，最終消費

125

財と中間財の貿易を含むことになります。

　貿易のメリットに関して，モデル毎の比較をしてみると，3つの特徴がわかります。

①中間財がある場合の完全競争モデルが予見する貿易のメリットは，中間財がない場合の完全競争モデルが予見する貿易のメリットより大きくなります。
②中間財がある場合の完全競争モデルが予見する貿易のメリットより，中間財がある場合の独占的競争モデルが予見する貿易のメリットの方が大きくなります。
③企業が非同質的である（$\eta_s>0$）場合の独占的競争モデルが予見する貿易のメリットは，企業が同質的である（$\eta_s=0$）場合の独占的競争モデルが予見する貿易のメリットより大きくなります。

　それぞれの結果について考えてみましょう。まず，完全競争モデルに中間財を導入すると，予見される貿易のメリットはかなり大きくなります。なぜでしょうか。中間財の貿易がもたらす影響について考えるとわかりやすいでしょう。中間財の貿易により国内財の価格が低下しますが，こうした国内財の低下は，追加的な厚生の改善を意味しています。また，もし，国内財が国内生産における投入物として使用されるのであれば，さらに追加的なメリットをもたらし，より大きな貿易のメリットを享受することになります（既存研究では，投入・産出のループと呼ばれています）。

　次に，中間財がある場合の完全競争モデルが予見する貿易のメリットより，中間財がある場合の独占的競争モデルが予見する貿易のメリットの方が少し大きくなるのはなぜでしょう。これも先ほどの場合と同様に考えることができます。参入活動において中間財を使用していれば，貿易は参入費用を低下させるため，国内で生産される財の種類が増え，（中間財がある場合の完全競争モデルにはない）追加的な厚生の改善をもたらすからです。

　最後に，独占的競争モデルのもとでは，企業が非同質的である場合に予見さ

126

れる貿易のメリットは，企業が同質的である場合に予見される貿易のメリットより大きくなるのはなぜでしょう。これは，$\varepsilon_s=(\sigma_s-1)(1+\eta_s)$ であるため，もし $\varepsilon_s=3.2$（化学部門の値です）であれば，例えば，$\eta_s=0.65$（非同質的）の場合に $\sigma_s=2.9$ となり，$\eta_s=0$（同質的）の場合には $\sigma_s=4.2$ となります。この代替の弾力性 σ_s の違いが，多種類を好むことに起因する規模の効果の程度を大きく変えるためです。

ここまでの議論をまとめると，中間財貿易を導入すると，完全競争か独占的競争かに関わらず，貿易のメリットの程度を劇的に増大させることになります。特に，独占的競争の場合には，中間財の価格低下による規模の効果が大きいことになります。

3.4 複数の生産要素

これまでの議論は1生産要素の場合（もしくは，すべての部門において，複数の生産要素が同じ割合で使用される場合）の重力モデルに限定されていました。本節では，部門ごとに要素集約度が異なる場合を考えていきましょう。議論を単純化するため，技能労働者と単純労働者の2つの生産要素の場合を見ていきます。また，中間財はないものとします。

すべての国及び部門において，CES型総生産関数は

$$Q_{j,s}=\left[\mu_s^H(H_{j,s})^{\frac{(\rho-1)}{\rho}}+\mu_s^L(L_{j,s})^{\frac{(\rho-1)}{\rho}}\right]^{\frac{\rho}{(\rho-1)}}$$

で表されるとします。但し，$H_{j,s}$ は j 国の s 部門における技能労働者の総雇用，$L_{j,s}$ は単純労働者の総雇用，$\rho>0$ は技能労働者と単純労働者の間の代替の弾力性，$\mu_s^f>0$ は s 部門におけるそれぞれの要素 $f=H,L$ の集約度を決め，$\mu_{j,s}^H+\mu_{j,s}^L=1$ とします。また，費用に関して，生産要素は，生産の可変費用，輸出の費用並びに参入の費用と同じ割合と仮定することにより，財の貿易収支が均衡（$Y_i=R_i$）しているとしています。

このとき，貿易のメリットは，初期の均衡（開放経済）と反事実的な均衡（閉鎖経済）の間の生産費用の変化に依存します。ポイントは，一部門モデルの

127

場合と異なり，実質消費の変化が相対的要素価格の変化にも依存しており，相対的要素価格の変化は部門毎の生産費用に影響することです。相対的要素価格の変化は，完全競争の場合には生産の可変費用だけに影響しますが，独占的競争の場合には輸出や参入の固定費用にも影響するため，j 国の s 部門における財の種類の数が変わってくるのです。ただ，貿易のメリットの大きさを試算してみると，完全競争下における複数生産要素のモデルは，完全競争下における一生産要素のモデルとほとんど変わりません。これは，この試算に使用されたデータでは，貿易における技能・単純労働者の要素がほとんどないという事情からです。

　しかし，複数生産要素を導入することにより，別の観点から役に立つ議論が可能になります。グローバル化によって生じる所得分配（所得格差）に関して，数量的に議論するための理論的な枠組みを与えてくれるのです。例えば，国際貿易に起因する技術プレミアムの変化等を計算できるようになります。

　但し，所得分配の議論に，ここで見たような複数生産要素モデルを使用する問題点もあります。まず，本節でのモデルでは，同一部門内における企業間の要素集約度の違いを排除しています。現実では，他社より生産的な企業は，他社より技能集約的な傾向があります。企業間において技能集約度の違いがある場合には，貿易自由化に伴う競争が，非効率な企業を市場から退出させて，所得格差を増大させるかもしれません。こうした技能偏向メカニズムは，数量的インパクトの分析において重要ですが，その可能性を考慮していないことは問題です。

　また，資本財の貿易が考慮されていないことも批判されています。資本と技能労働者の間に補完性があるとすると，貿易が所得格差を生む別のチャンネルを考慮しなければいけませんが，本節のモデルではその観点が欠落しています。最近では，こうした問題点を考慮した研究もいくつか出てきています。

3.5　その他の拡張モデル

　ここまで見てきたいろいろな重力モデルは，供給面での仮定は異なっていま

したが，需要面においてはすべて同じ CES 型効用関数を仮定していました。

　但し，その問題点もあります。CES 型効用関数を仮定することにより，独占的競争の下では企業ごとのマークアップが一定となってしまいます。このため，独占的競争の下における貿易の競争促進的効果が，事実上排除されることになります。貿易によって企業間の競争が促進され，各企業のマークアップの決定に影響を与えるとすると，そうした影響を考慮しない場合に比べて，貿易による厚生の改善度合いは大きくなるかもしれません。しかし，こうした可能性を考慮していないことになるのです。

　では，CES 型効用関数の代わりになるものはないのでしょうか。CES 型効用関数の仮定を用いないで，モデルを拡張する議論についても触れておきましょう。CES 効用関数に変わるアプローチはいくつかあるのですが（主なものは，分離型で非 CES 効用関数，2 次で非分離型効用関数並びにトランスログ支出関数の3 つ），こうしたアプローチによって可変的なマークアップを想定しても，いくつかの仮定を設けると，貿易フローは CES 効用関数を使った一部門モデルの重力式と同じになることがわかっています。そして，貿易自由化によって貿易フローや賃金がどうなるかについても，CES 効用関数を使った前節までのモデルと同じになることが示されています。これまでの議論とあまり変わらないのです。但し，厚生に関する予見は変わってきます。自由貿易は生産要素の再配分を引き起こします。この場合，より大きなマークアップを示す財，もしくは，より小さなマークアップを示す財のどちらかの財に生産要素の再配分が起こるかによって，貿易自由化のメリットは大きくなったり，小さくなったりするかもしれないからです。

　それ以外にも，貿易による競争促進的効果を考慮するには，CES 効用関数の仮定は維持したまま，独占的競争の仮定を外したモデルも有用かもしれません。例えば，ベルトラン競争型モデルです。しかし，ベルトラン競争型モデルにおいても，企業レベルの生産性に関する分布の仮定次第で，完全競争や独占的競争のもとで一部門重力モデルが示したものと，同じ予見をもたらす場合があることが示されています。

さらに，問題点は一定のマークアップだけではありません。これまでは，輸出を通じて外国市場に財を供給する場合だけを議論してきましたが，現実には，多国籍企業の海外関連子会社が，外国における販売の多くを手掛けていることがあります。このことを考慮すると，輸出だけでなく海外直接投資（FDI）も合わせて考察する必要がでてきます。例えば，ある国で開発された技術的なノウハウを外国で使用する場合に費用が掛かるとしましょう。この場合，距離的に遠すぎると貿易のメリットがないという氷山的貿易費用が，重力モデルにおいて国際貿易が行われる範囲を限定した考え方を援用すると，多国籍企業が複数国で生産できる範囲を限定できます。そうしたアプローチを用いて，貿易と海外直接投資（FDI：複数国における生産）の関係が代替的か補完的かによって，貿易のメリットの大きさにどのように影響を与えるかを考察した研究があります。その結果，貿易とFDIの両方を考慮したモデルの方が，貿易だけのモデルに比べて，貿易のメリットが2倍近くも大きいと示しています。

　最後に，重力モデルを貿易フローだけでなく，社会厚生の分析に使用してもよいかについて触れておきましょう。

　重力モデルの比較優位は，社会厚生ではなく，貿易フローの分析という意見があります。社会厚生の分析には，応用一般均衡モデル（CGEM：computable general equilibrium modeling）を使用した方が良いといわれているのです。同様に，貿易自由化によって，労働や資本がいろいろな部門にどのように再配分されるかというような問題に対しても，重力モデルはうまく機能せず，CGEM使用した方が良いともいわれています。

　これは，重力モデルの比較優位は，特定の貿易抵抗費用項目の変化に対する，貿易の感応度を見ることだからです。そのため，例えば，政策の効果の検証のような反事実的なシミュレーションを，固定効果重力モデルによって行っても，（その政策による）純粋な効果しか測定できず，政策の変化による一般均衡的な含意を考慮していないという批判があります。

第5章	保護貿易のメリットをみてみよう

　前章までは自由貿易のメリットを数値化する議論を見てきました。しかし，戦略的貿易論では，自由貿易に対して批判的です。むしろ，自国の厚生を改善するために他国を犠牲にするような保護貿易を容認する枠組みを提供しています。本章では，そうした戦略的貿易論の考え方を理解し，保護貿易のメリットを数値化する議論についても触れていきましょう。

　本章では，ゲーム論的アプローチを取り入れた戦略的貿易論を扱います。相手側のとる政策を想定し，それを織り込んで自国の政策を決定するものです。戦略という考え方は，企業を例にとると，わかりやすいかもしれません。例えば，ホンダ自動車が市場を独占している場合，自社の利益を最大化するためにどの程度自動車を生産すればよいかという議論は自己完結的なものになります。しかし，実際には，トヨタ自動車などのライバル会社が存在しており，ライバル会社がどのような生産戦略をとるかによって，自社が選ぶ最適な生産量も変わってきます。同様のことが，国家の政策を考える場合にもいえるのです。

　戦略的貿易論では，相手国の戦略を議論に導入するため，相手国のとる戦略によって，自国の最適行動が変わってきます。

1 戦略的貿易論

1.1 ペイオフ・マトリックス——ナッシュ均衡

　まず，戦略的貿易論で重要な概念であるナッシュ均衡について理解するため，簡単な例を見てみましょう。例えば，アメリカと日本が貿易を行う場合，それぞれの国は自由貿易と保護貿易という2つの貿易政策の選択肢があるとします。

表5.1 ペイオフ・マトリックス

日　本

		自由貿易	保護貿易
アメリカ	自由貿易	3，3	0，5
	保護貿易	5，0	1，1

　2つの国がそれぞれ2つずつの選択肢をもっているので，4つの違ったシナリオが存在します。①日本もアメリカも両方とも自由貿易を採用する，②日本もアメリカも両方とも保護貿易を採用する，③アメリカが自由貿易で，日本が保護貿易を採用する，④日本が自由貿易で，アメリカが保護貿易を採用する，です。

　表5.1のような数値例を考えていきましょう。どのシナリオが成立するかによって，各国の利得が異なってきます。もし，（1）両国とも自由貿易を選択する場合，アメリカの利得は3億円で，日本の利得も3億円とします。一方，（3）アメリカは自由貿易を選択したが，日本が保護貿易を選択する場合，アメリカの利得は0で，保護貿易のメリットを享受する日本の利得は5億円とします。同様に，（4）日本は自由貿易を選択したが，アメリカは保護貿易という場合には，アメリカは保護貿易のメリットを受けて5億円の利得がありますが，日本は全く利得がありません。最後に，（2）両方とも保護貿易を選択した場合には，アメリカの利得は1億円で，日本の利得も1億円とします。

　表5.1においてそれぞれのセルに表示されている，最初の数字はアメリカの利得を，2つ目の数字は日本の利得を表しています。

　このとき，それぞれの国の最適な戦略は保護貿易，自由貿易のいずれでしょうか。

アメリカの最適な政策

　アメリカの最適な政策は，日本の政策によって，変わってくる可能性があります。したがって，2つのシナリオ（日本が自由貿易の場合と保護貿易の場合）を別々に考えなければいけません。つまり，出発点は相手国の選択になります。

第5章　保護貿易のメリットをみてみよう

（1）もし，日本が自由貿易を選択するなら，アメリカは利得3と5を比べます。このとき，5の方がより大きな利得なので，アメリカは保護貿易を選択します（表5.2）。

表5.2　アメリカの選択：日本が自由貿易の場合

日　本

		自由貿易	
アメリカ	自由貿易	3	3
	保護貿易	5	0

（2）もし，日本が保護貿易を選択するなら，アメリカも保護貿易を選択します。アメリカは利得0と1を比べ，保護貿易を選択した場合の利得1は，自由貿易を選択した場合の利得0より大きいからです（表5.3）。

表5.3　アメリカの選択：日本が保護貿易の場合

日　本

		保護貿易	
アメリカ	自由貿易	0	5
	保護貿易	1	1

日本の最適な政策

同様なロジックが，日本の最適戦略を考えるときにも適用できます。

（1）もし，アメリカが自由貿易を選択するとしたら，日本は保護貿易を選択します。保護貿易を選択した場合の利得5の方が，自由貿易を選択した場合の利得3よりも大きいからです（表5.4）。

表5.4　日本の選択：アメリカが自由貿易の場合

日　本

		自由貿易		保護貿易	
アメリカ	自由貿易	3	③	0	⑤

（2）もし，アメリカが保護貿易を選択するとしたら，日本は保護貿易を選択します。保護貿易を選択した場合の利得1の方が，自由貿易を選択した

場合の利得0よりも大きいからです（表5.5）。

表5.5　日本の選択：アメリカが保護貿易の場合

日　本

		自由貿易	保護貿易
アメリカ	保護貿易	5 ⓪	1 ①

　こうして両国が戦略的に最適な政策を選択する場合，両国とも保護貿易を選択する結果に落ち着きます。このような均衡のことを，ナッシュ均衡と呼びます。

　アメリカは，ナッシュ均衡状態で保護貿易を選んでいますが，なぜ自由貿易に変更しないのでしょうか。実は，ナッシュ均衡から他の政策に変えることによって，自国の利得が増えない（むしろ，下がってしまう）からです。例えば，アメリカは，均衡状態で保護貿易（アメリカの利得は1億円）を選んでいますが，自由貿易に変えてしまうと，アメリカの利得は0に下がってしまいます。したがって，他の選択肢に変える誘因がありません。同様に，日本も現在保護貿易を選択していますが，それを自由貿易に変えてしまうと，やはり利得が0に下がってしまい，政策変更のメリットがありません。自分の戦略を変えてもメリットがないような状態，それをナッシュ均衡といっています。

　では，どうしてお互いに自由貿易を選ばないのでしょうか。この例では，アメリカも日本も最終的には保護貿易を選び，各国の利得はそれぞれ1億円ずつとなっていますが，自由貿易を選択すれば，両国とも利得が上がるのにおかしいと思われるかもしれません。

　では，自由貿易が最適な政策ではないのはなぜでしょう。それは，仮に両国が自由貿易である状態から出発しても，保護貿易に政策転換をすることにより，自国の利得が増える可能性があるからです。確かに，両国とも自由貿易である場合の利得は3億円です。しかし，もし，日本が保護貿易に政策転換をすれば，その利得は3億円から5億円に増えます。日本は，自由貿易を堅持する誘引がないわけです。このように，日本が保護貿易を採用することがわかっているのであれば，アメリカは自由貿易に固執するよりも，保護貿易を選択したほうが

134

第5章　保護貿易のメリットをみてみよう

高い利得を得られます。結局，両国とも保護貿易を選択し，低い利得に甘んじることになります。

　同様の議論は，アメリカの政策運営にも当てはまります。仮に，両国とも自由貿易である場合から出発しても，もし，アメリカが保護貿易に政策転換をすれば，その利得は3億円から5億円に増えます。このように，アメリカが保護貿易を採用することがわかっていれば，日本は自由貿易よりも保護貿易を選択したほうが，高い利得を得ることができます。結局，両国にとって，保護貿易に政策を変更する誘引があるという意味で，自由貿易は均衡ではありません。

　なお，この例では，2つの国がそれぞれの政策決定を同時に行う場合を考えています。自国が政策を決定する場合，相手国がどちらの政策を選択するかわかりません。つまり，結託などができないような単純な例を考えているのです。

1.2　反応曲線──ナッシュ均衡

　では，これまでの議論を発展させて，より複雑な戦略的貿易論を見ていきましょう。ここまでは自由貿易か保護貿易かの2つの選択肢しかありませんでしたが，より多くの選択肢に直面する場合にはどうしたらよいのでしょう。選択肢（戦略の数）が多数ある場合に，便利な分析道具がグラフ（数式）です。

　無数の最適戦略を表には，反応曲線と呼ばれるものを使います。例えば，国益を代表する日本とアメリカの自動車産業が競争している場合を考えます。アメリカが50台生産した場合，日本は何台生産したらよいでしょうか。同様に，アメリカが30台生産したら，日本は何台生産すればよいのかという無数の可能性を表したものが反応曲線です。

　では，クールノーモデルを応用した戦略的貿易論を考えて見ましょう。クールノーモデルとは，戦略が生産量である場合です。例えば，交易を行っているアメリカと日本の利得が，アメリカの自動車産業により生産される自動車の生産量と，日本の自動車産業により生産される自動車の生産量によって変わる場合があります。それぞれの国は，自国の利得を最大化するために，どれだけ自動車を生産すればよいかを考えています。

135

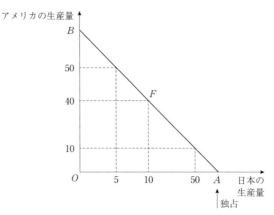

図 5.1　日本の反応曲線

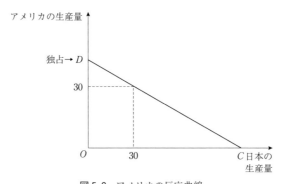

図 5.2　アメリカの反応曲線

　図 5.1 は，日本の反応曲線を描いたものです。横軸が日本の生産量，縦軸がアメリカの生産量を表わしています。例えば，アメリカが50台の車を生産する時，日本は 5 台生産すると，日本の利得が最大化されています。同様に，アメリカが車を40台生産する場合，日本は車を10台生産すれば，その利得を最大化できます。アメリカが車を10台生産する場合には，日本は50台生産すれば，その利得が最大化されます。つまり，無数のアメリカの戦略に対して，どのように対応したら日本が最大の利得を獲得できるか，そうした日本の最適な戦略を全部つなげたものが，日本の反応曲線です。

第5章 保護貿易のメリットをみてみよう

　因みに，点 A は，アメリカが全く生産をせず，日本車しか流通していないため，日本が世界市場を独占している状態です。では，点 A と点 F を比べて，日本の利得が高いのはどちらでしょうか。直感的に，独占状態で日本の利得が一番高くなっていることが想像できると思います。反応曲線上を独占状態に向かえば向かうほど，日本に高い利得をもたらします。

　アメリカの反応曲線も同様に描くことができます（図5.2）。アメリカが車を何台生産すれば，自国の利得を最大化できるかを表わした線が，アメリカの反応曲線です。例えば，日本が車を30台生産するならば，アメリカも30台生産すればよいなど，日本車の生産量に応じて，アメリカの最適戦略が変わってきます。アメリカにとってみれば，点 D が独占状態（日本が全く生産をせず，アメリカだけが生産している場合）に相当するので，点 D に向かえば向かうほど，アメリカの利得はあがります。

　両国とも市場を独占している状況が望ましいわけですが，2国が競争している場合，市場を独占するときの生産量は最適な戦略ではありません。相手国の生産量を考慮しなければいけないからです。アメリカは，市場を独占している時の生産量を選択すると，市場に車を過少に供給していることになり，日本に市場シェアを奪われてしまいます。

　では，アメリカと日本は何台ずつ車を生産すればよいでしょうか。実は，2つの反応曲線の交点がナッシュ均衡になります。ナッシュ均衡では生産量を変更する誘引がなく，逆に，生産量を変更すると均衡状態より利得が下がってしまいます。この点をもう少し丁寧に確認してみましょう。例えば，図5.3において，ナッシュ均衡点 E から出発して，点 E と点 G を比べると，日本には点 E ではなくて，独占状態に近く，より大きな利得が得られる点 G の方が好ましいはずです。そこで，日本は点 G で50台の車を生産するとします。ここで注意しなければいけないことは点 G の意味です。アメリカが車を10台生産する場合に，日本が50台の車を生産すると，日本の利得は最大化されるということです。残念ながら，このときアメリカは10台の車を生産する誘引がありません。日本が50台の車を生産するならば，アメリカは20台の車を生産して自国の

137

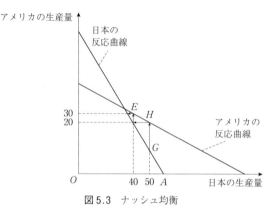

図 5.3 ナッシュ均衡

利得を最大にします。こうした対応が，日本の反応曲線上の点 G からアメリカの反応曲線上の点 H への矢印として表わされています。さらに，アメリカが 20 台の車を生産するならば，日本は 50 台ではなく，40 台の車を生産することが最適な戦略になります。両国によるこうした応酬は止まりません。もし，日本が 40 台生産するのであれば，アメリカは 30 台に生産量を変更します。このように，お互いに対抗して，次々と最適戦略を変えていくため，どのような戦略から議論を始めても，最終的には両国の反応曲線が交わるところに戻って来ます。その過程が図 5.3 の矢印で示されています。矢印は日本とアメリカの反応曲線の間を行ったり来たりして，そのプロセスは点 E に到達したところで終わります。つまり，2 つの反応曲線が交わっているナッシュ均衡以外の点では，生産する誘引がないのです。

1.3　クールノー・ナッシュ均衡

簡単な数値例を用いながら，クールノー寡占モデルの理解を深めましょう。2 つの企業，VW と BMW がクールノー競争を行うような場合を考えます。2 つの企業が直面する市場の需要関数が $P=200000-6(q_1+q_2)$ で与えられており，q_1, q_2 はそれぞれ VW と BMW の生産量を表しています。また，VW と BMW の総費用関数 TC は，それぞれ $8000 \times q_1$ または $8000 \times q_2$ と表されます。クールノー・ナッシュ均衡を求めてみましょう。

第5章　保護貿易のメリットをみてみよう

クールノー・ナッシュ均衡

VW の利潤は,

$$\Pi_1 = P^* q_1 - TC_1$$

$$= [200000 - 6(q_1 + q_2)]^* q_1 - 8000^* q_1$$

$$= 192000 q_1 - 6 q_1 (q_1 + q_2)$$

利潤を最大化するには,

$$\frac{\partial \Pi_1}{\partial q_1} = 192000 - 12 q_1 - 6 q_2 = 0$$

よって, VW の反応曲線は,

$$q_1 = 16000 - \frac{1}{2} q_2$$

となります。

BMW の利潤は,

$$\Pi_2 = P^* q_2 - TC_2$$

$$= [200000 - 6(q_1 + q_2)]^* q_2 - 8000^* q_2$$

$$= 192000 q_2 - 6 q_2 (q_1 + q_2)$$

利潤を最大化するには,

$$\frac{\partial \Pi_2}{\partial q_2} = 192000 - 12 q_2 - 6 q_1 = 0$$

よって, BMW の反応曲線は,

$$q_2 = 16000 - \frac{1}{2} q_1 \quad (or \ q_1 = 32000 - 2 q_2)$$

139

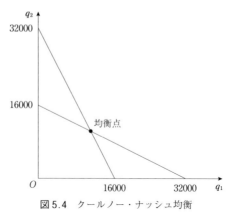

図 5.4 クールノー・ナッシュ均衡

となります。

図 5.4 において，VW と BMW それぞれの反応曲線の交点がクールノー均衡になります。

$$\begin{cases} q_1 = 16000 - \dfrac{1}{2} q_2 & (1) \\ q_2 = 16000 - \dfrac{1}{2} q_1 & (2) \end{cases}$$

（2）式に（1）式を代入すると，q_2 が以下のように求められます。

$$q_2 = \frac{32000}{3}$$

この q_2 を（1）式に代入しなおすと，q_1 が次のように求まります。

$$q_1 = \frac{32000}{3}$$

以上により，クールノー均衡 (q_1^*, q_2^*) は $\left(\dfrac{32000}{3}, \dfrac{32000}{3}\right)$ になります。

第5章　保護貿易のメリットをみてみよう

利潤

　均衡におけるそれぞれの企業の利潤を計算してみましょう。
$(q_1^*, q_2^*) = \left(\dfrac{32000}{3}, \dfrac{32000}{3} \right)$ を代入すると，VW の利潤は，

$$\Pi_1 = [200000 - 6(q_1 + q_2)] * q_1 - 8000 * q_1 \cong 682666667$$

　同様に，BMW の利潤は，

$$\Pi_2 = [200000 - 6(q_1 + q_2)] * q_2 - 8000 * q_2 \cong 682666667$$

となります。

結託

　両社が結託する場合の均衡を求めてみましょう。VW と BMW が結託する場合には，あたかも 1 社（独占）であるかのようになり，需要関数及び費用関数は以下のようになります。

$$P = 200000 - 6q$$

$$TC = 8000q$$

　したがって，利潤は，

$$\Pi = P * q - TC$$

$$= (200000 - 6q) * q - 8000q$$

$$= 192000q - 6q^2$$

となります。

　利潤を最大化するには，

$$\frac{d\Pi}{dq} = 192000 - 12q = 0$$

$$q = 16000$$

141

よって，結託する場合の生産量 q は 16000。これを P の式に代入すると，価格は $P=104000$ になることがわかります。

比較——クールノー・ナッシュ均衡 vs. 結託

クールノー・ナッシュ均衡の場合と結託の場合の結果を比べてみましょう。どちらの利潤が高いでしょうか。前問で求めた生産量と価格を代入すると，両社が結託する場合には，総利潤は，$\Pi^c = P^* q - 8000q = 1536000000$ になります。したがって，その総利潤を両社で半々に分けると，各社の利潤は，$\Pi_1^c = \Pi_2^c = 768000000$ のように求められます。

ここで，両者が複占市場で競争している場合の利潤 $\Pi_1 = \Pi_2 = 682666667$ と結託している場合の利潤 $\Pi_1^c = \Pi_2^c = 768000000$ を比べると，結託により得られる利潤は，競争している場合より高いので，VW と BMW にとっては，結託する方がより良い選択になります。

② 関税の考え方

2.1 輸入関税

これまでの議論に貿易政策を導入してみましょう。例えば，アメリカからの輸入に関税を課すとします。すると，アメリカの反応曲線は，①のように下方にシフトします（図5.5）。以前と比べて関税の分だけ費用が増えるため，輸出によるアメリカの利得は下がります。このため，アメリカは，生産して輸出する量を減らすことになります。例えば，当初，日本が30台生産しているときに，アメリカは50台生産していました。関税導入後は，日本が引き続き30台生産するとしても，アメリカは輸出量を減らすため，アメリカの反応曲線は下方にシフトするわけです。この結果，図5.5のように，関税導入後には，均衡が点 E から点 E' に移ります。

自由貿易のもとでの均衡点 E と関税導入後の均衡点 E' を比べてみましょう。均衡が点 E から点 E' に移ると，日本は市場占有率を増やし，市場を独占して

第5章 保護貿易のメリットをみてみよう

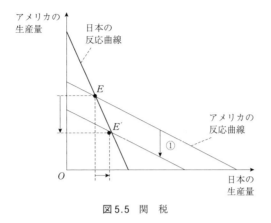

図 5.5 関 税

いる状態に近づくので，利得が増えます。逆に，市場占有率が縮小し利得が下がっているアメリカには不利な結果となっています。アメリカからの輸入に関税を課しているので，直感的にも納得のゆく結果かもしれません。

上記の議論は保護貿易のメリットを示しており，自由貿易のメリットが強調されていた古典的貿易モデルとは全く違った結論が導かれています。戸惑われた読者もいるかもしれませんが，自由貿易と保護貿易を比較する場合，それぞれの立場（消費者，技能労働者，単純労働者，資本家，輸出企業，輸入企業等）によって，メリット，デメリットは変わってきます。

例えば，ここでのモデルは，生産したものを国内では売らず，全ての生産物を自国以外へ輸出しているような場合を想定しています。つまり，各国の利得＝自動車産業の利潤として，一国がどれぐらいの生産量を選べば，その国の利得が最大化されるかという状況を考えています。こうしたアプローチは，それぞれの国の基幹産業が輸出企業で，輸出中心の二国が競っているような場合には，妥当なものかもしれません。

2.2 クールノー寡占モデル

2つの企業，ホンダとトヨタがクールノー競争を行うような場合を考えましょう。2つの企業が直面するとある外国市場の需要関数が，$P = 950 - (q_1 + q_2)$

で与えられており，q_1, q_2 はそれぞれホンダとトヨタの生産量を表しています。また，ホンダとトヨタの総費用関数 TC は，$50×q_1$ または $50×q_2$ と表されます。

クールノー・ナッシュ均衡を求めてみましょう。クールノー・ナッシュ均衡は，それぞれの反応関数を導出し，それらが交わる場所を求めれば得られます。

ホンダの利潤は，

$$\Pi_1 = P*q_1 - TC_1$$
$$= [950 - (q_1 + q_2)]*q_1 - 50q_1$$
$$= 900q_1 - q_1^2 - q_1q_2$$

利潤を最大化するには，

$$\frac{\partial \Pi_1}{\partial q_1} = 900 - 2q_1 - q_2 = 0$$

よって，ホンダの反応曲線は，

$$q_1 = 450 - \frac{1}{2}q_2$$

となります。

トヨタの利潤は，

$$\Pi_2 = P*q_2 - TC_2$$
$$= [950 - (q_1 + q_2)]*q_2 - 50q_2$$
$$= 900q_2 - q_2^2 - q_1q_2$$

利潤を最大化するには，

$$\frac{\partial \Pi_2}{\partial q_2} = 900 - 2q_2 - q_1 = 0$$

よって，トヨタの反応曲線は，

144

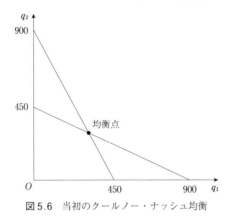

図 5.6 当初のクールノー・ナッシュ均衡

$$q_2 = 450 - \frac{1}{2}q_1 \quad (or \quad q_1 = 900 - 2q_2)$$

となります。

図 5.6 において,ホンダとトヨタそれぞれの反応曲線の交点がクールノー均衡になります。

$$\begin{cases} q_1 = 450 - \dfrac{1}{2}q_2 & \quad (1) \\ q_2 = 450 - \dfrac{1}{2}q_1 & \quad (2) \end{cases}$$

(2)式に(1)式を代入して,q_2 が以下のように求められます。

$$q_2 = 300$$

この q_2 を(1)式に代入すると,q_1 が次のように求まります。

$$q_1 = 300$$

以上により,クールノー均衡 (q_1^*, q_2^*) は $(300, 300)$ になります。均衡では両社とも 300 を生産しますが,両社とも同じ生産量になるのは,同一の需要関数及

び費用関数という設定のため，両社の反応曲線が対称な形になるからです。このため，（1）式の q_2 を q_1 と置き換えて解いても同じ結果が得られます。

また，それぞれの企業の利潤は，$(q_1^*, q_2^*) = (300, 300)$ を代入すると，

ホンダの利潤は，

$$\Pi_1 = [950 - (q_1 + q_2)]^* q_1 - 50 q_1 = 90000$$

同様に，トヨタの利潤は，

$$\Pi_2 = [950 - (q_1 + q_2)]^* q_2 - 50 q_2 = 90000$$

となります。これは両社が競争している場合です。

結託

次に，両社が結託する場合を考えてみましょう。均衡を求め，上記の結果と比べてみましょう。どちらの利潤が高いでしょうか。

ホンダとトヨタが結託する場合には，あたかも1社（独占）が生産を行うかのようになります。この場合，需要関数及び費用関数は以下のようになり，均衡価格及び生産量は独占企業の利潤最大化問題と同じような形で解くことができます。

$$P = 950 - q$$

$$TC = 50q$$

したがって，利潤は，

$$\Pi = P^* q - TC$$

$$= (950 - q)^* q - 50q$$

$$= 900q - q^2$$

利潤を最大化する条件は，

$$\frac{d\Pi}{dq} = 900 - 2q = 0$$

146

$$q = 450$$

　よって，結託するときの生産量 q は 450。この生産量を P の式に代入すると，独占価格は $P = 500$ になることがわかります。

　また，両社が結託する場合，総利潤は $\Pi^c = P*q - 50q = 202500$ となり，この総利潤を両社が半々に分けると，各社の利潤は，$\Pi_1^c = \Pi_2^c = 101250$ のように求められます。

　ここで，両社が複占市場で競争している場合の利潤 $\Pi_1 = \Pi_2 = 90000$ と結託している場合の利潤 $\Pi_1^c = \Pi_2^c = 101250$ を比べると，結託により得られる利潤は，競争している場合より高いので，ホンダとトヨタにとっては，結託する方がより良い選択になります。

関税

　外国政府がホンダの製品に対してだけ単位当たり 50 の関税を課すことを決定し，その総費用関数 TC が，$100 \times q_1$ になったとしましょう。トヨタの総費用関数 TC は $50 \times q_2$ のままとします。このときのクールノー・ナッシュ均衡を求めてみましょう。関税導入前のクールノー・ナッシュ均衡と比べて，ホンダやトヨタの生産量はどのように変化するでしょうか。また，それぞれの企業の利潤はどう変わるでしょうか。

　ホンダの利潤は，

$$\Pi_1 = P*q_1 - TC_1$$
$$= [950 - (q_1 + q_2)]*q_1 - 100q_1$$
$$= 850q_1 - q_1^2 - q_1q_2$$

利潤を最大化するには，

$$\frac{\partial \Pi_1}{\partial q_1} = 850 - 2q_1 - q_2 = 0$$

よって，ホンダの反応曲線は，

$$q_1 = 425 - \frac{1}{2} q_2$$

となります。

トヨタの利潤は,

$$\Pi_2 = P^* q_2 - TC_2$$
$$= [950 - (q_1 + q_2)]^* q_2 - 50 q_2$$
$$= 900 q_2 - q_2^2 - q_1 q_2$$

利潤を最大化するには,

$$\frac{\partial \Pi_2}{\partial q_2} = 900 - 2 q_2 - q_1 = 0$$

よって,トヨタの反応曲線は,

$$q_2 = 450 - \frac{1}{2} q_1 \quad (or \quad q_1 = 900 - 2 q_2)$$

となり,前問と変わりません。

図 5.7 において,ホンダとトヨタそれぞれの反応曲線の交点がクールノー均衡になります。

$$\begin{cases} q_1 = 425 - \dfrac{1}{2} q_2 & (3) \\ q_2 = 450 - \dfrac{1}{2} q_1 & (4) \end{cases}$$

(4)式に(3)式を代入して,q_2 が以下のように求められます。

$$q_2 = \frac{950}{3} \approx 316.67$$

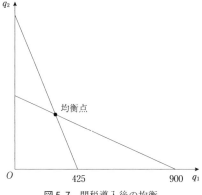

図 5.7 関税導入後の均衡

この q_2 を(1)式に代入すると,q_1 が次のように求まります。

$$q_1 = \frac{800}{3} \approx 266.67$$

以上により,クールノー均衡 (q_1^{**}, q_2^{**}) は $\left(\dfrac{800}{3}, \dfrac{950}{3}\right)$ になります。均衡ではホンダの生産量は $\dfrac{800}{3}$,トヨタの生産量は $\dfrac{950}{3}$ です。関税によって,ホンダの生産量が減って,トヨタの生産量が増えているのがわかります。

また,それぞれの企業の利潤は,$(q_1^{**}, q_2^{**}) = \left(\dfrac{800}{3}, \dfrac{950}{3}\right)$ を代入すると求めることができます。

ホンダの利潤は,

$$\Pi_1 = [950 - (q_1 + q_2)] * q_1 - 100 q_1 = \frac{640000}{9} \approx 71111.11$$

トヨタの利潤は,

$$\Pi_2 = [950 - (q_1 + q_2)] * q_2 - 50 q_2 = \frac{902500}{9} \approx 100277.78$$

となります。ホンダの利潤が減って,トヨタの利潤が増えているのがわかります。

研究開発

　ホンダは研究開発に成功し，その総費用関数 TC が，$25 \times q_1$ になったとしましょう。トヨタの総費用関数 TC は $50 \times q_2$ のままとします。クールノー・ナッシュ均衡を求めてみましょう。費用が下がる前のクールノー・ナッシュ均衡と比べて，ホンダやトヨタの生産量はどのように変化するでしょうか。また，それぞれの企業の利潤はどう変わるでしょうか。

　ホンダの利潤は，

$$\Pi_1 = P^* q_1 - TC_1$$
$$= [950 - (q_1 + q_2)]^* q_1 - 25 q_1$$
$$= 925 q_1 - q_1^2 - q_1 q_2$$

利潤を最大化するには，

$$\frac{\partial \Pi_1}{\partial q_1} = 925 - 2q_1 - q_2 = 0$$

よって，ホンダの反応曲線は，

$$q_1 = \frac{925}{2} - \frac{1}{2} q_2$$

となります。

　トヨタの利潤は，

$$\Pi_2 = P^* q_2 - TC_2$$
$$= [950 - (q_1 + q_2)]^* q_2 - 50 q_2$$
$$= 900 q_2 - q_2^2 - q_1 q_2$$

利潤を最大化するには，

$$\frac{\partial \Pi_2}{\partial q_2} = 900 - 2q_2 - q_1 = 0$$

第5章　保護貿易のメリットをみてみよう

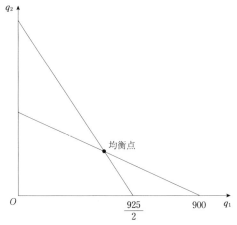

図 5.8　研究開発成功後の均衡

よって，トヨタの反応曲線は

$$q_2 = 450 - \frac{1}{2}q_1 \ (or \quad q_1 = 900 - 2q_2)$$

となり，前問と変わりません。

図 5.8 において，ホンダとトヨタそれぞれの反応曲線の交点がクールノー均衡になります。

$$\begin{cases} q_1 = \dfrac{925}{2} - \dfrac{1}{2}q_2 & (5) \\ q_2 = 450 - \dfrac{1}{2}q_1 & (6) \end{cases}$$

（6）式に（5）式を代入して，q_2 が以下のように求められます。

$$q_2 = \frac{875}{3} \approx 291.67$$

この q_2 を（5）式に代入すると，q_1 が次のように求まります。

$$q_1 = \frac{950}{3} \approx 316.67$$

以上により，クールノー均衡 (q_1^{***}, q_2^{***}) は $\left(\frac{950}{3}, \frac{875}{3}\right)$ になります。均衡ではホンダの生産量は $\frac{950}{3}$，トヨタの生産量は $\frac{875}{3}$ です。ホンダの生産量が増えて，トヨタの生産量が減っているのがわかります。

また，それぞれの企業の利潤は，$(q_1^{***}, q_2^{***}) = \left(\frac{950}{3}, \frac{875}{3}\right)$ を代入すると，
ホンダの利潤は，

$$\Pi_1 = [950 - (q_1 + q_2)]^* q_1 - 25q_1 = \frac{902500}{9} \approx 100277.78$$

トヨタの利潤は，

$$\Pi_2 = [950 - (q_1 + q_2)]^* q_2 - 50q_2 = \frac{765625}{9} \approx 85069.44$$

となります。研究開発の成功によって，ホンダの利潤が増えて，トヨタの利潤が減っているのがわかります。

3 輸出補助金

3.1 1政府による補助金

トヨタと BMW が中国市場で競争している場合を考えます。ここでは，トヨタと BMW による中国市場への輸出だけに焦点をあて，日本やヨーロッパ市場における国内販売は考慮しません。

需要面では自動車市場にトヨタと BMW の2強しか存在せず，中国の消費者にとってトヨタ車と BMW 車は完全代替（どちらの車でも構わない）とします。中国市場における需要関数が，$P = 360 - \frac{1}{2}Q$ とします。ここで，Q はトヨタと BMW による自動車の総供給量，P は両社に共通の価格とします。

第5章 保護貿易のメリットをみてみよう

供給面ではトヨタは輸出のための固定費用が F_a，一定である限界費用が C_a，BMW は輸出のための固定費用が F_b，一定である限界費用が C_b とします。添え字 a はトヨタ，添え字 b は BMW を意味します。輸出のための固定費用は，輸出をする場合にのみ生じるとします。トヨタと BMW は，数量を選択してそれぞれの利潤を最大化するとします。

反応曲線

ここで，$C_a = C_b = 120$，$F_a = F_b = 5000$ とし，それぞれの企業の反応曲線を求めてみましょう。

$Q = Q_a + Q_b$ と書けますので，トヨタの利潤は，

$$\Pi_a = \left(360 - \frac{1}{2}Q_a - \frac{1}{2}Q_b\right)Q_a - C_a Q_a - F_a$$

$$= \left(360 - \frac{1}{2}Q_a - \frac{1}{2}Q_b\right)Q_a - 120Q_a - 5000$$

$$= -\frac{1}{2}Q_a^2 + \left(360 - 120 - \frac{1}{2}Q_b\right)Q_a - 5000$$

$$= -\frac{1}{2}Q_a^2 + \left(240 - \frac{1}{2}Q_b\right)Q_a - 5000$$

一階の条件は，

$$\frac{\partial \Pi_a}{\partial Q_a} = \left(240 - \frac{1}{2}Q_b\right) - Q_a = 0$$

反応曲線は，

$$Q_a = 240 - \frac{1}{2}Q_b \tag{1}$$

BMW の利潤は，

153

$$\Pi_b = \left(360 - \frac{1}{2}Q_a - \frac{1}{2}Q_b\right)Q_b - 120Q_b - 5000$$

$$= -\frac{1}{2}Q_b^2 + \left(360 - 120 - \frac{1}{2}Q_a\right)Q_b - 5000$$

一階の条件は,

$$\frac{\partial \Pi_b}{\partial Q_b} = \left(240 - \frac{1}{2}Q_a\right) - Q_b = 0$$

反応曲線は,

$$Q_b = 240 - \frac{1}{2}Q_a \qquad\qquad (2)$$

クールノー・ナッシュ均衡

クールノー・ナッシュ均衡を求めてみましょう。(1)式に(2)式を代入すると,

$$Q_a = 240 - \frac{1}{2}\left(240 - \frac{1}{2}Q_a\right)$$

$$Q_a = 120 + \frac{1}{4}Q_a$$

これを解くと, $Q_a = 160$ となります。

これを, (2)式に代入すると, $Q_b = 240 - \frac{1}{2} \times 160$ より, $Q_b = 160$ となり, また, 均衡数量は $Q = Q_a + Q_b$ より, $Q = 320$。均衡価格は, $P = 360 - \frac{1}{2}Q$ より, $P = 200$ になります。

さらに, トヨタの利潤は, $P = 200$ 及び $Q_a = 160$ を Π_a に代入すると, $\Pi_a = 200 \times 160 - 120 \times 160 - 5000$ となります。同様に, BMW の利潤は, $P = 200$ 及び $Q_b = 160$ を Π_b に代入すると, $\Pi_b = 200 \times 160 - 120 \times 160 - 5000$ より, $\Pi_a =$

154

第5章　保護貿易のメリットをみてみよう

$\Pi_b=7800$ となります。

補助金の導入

　日本政府が車1台当たりS_aの補助金を出してトヨタの輸出を援助するとします。クールノー・ナッシュ均衡を求めてみましょう。

　日本政府の補助金によって，$C_a=120-S_a$ となります。

　トヨタの利潤は，

$$\Pi_a=\left(360-\frac{1}{2}Q_a-\frac{1}{2}Q_b\right)Q_a-C_aQ_a-Fa$$

$$=\left(360-\frac{1}{2}Q_a-\frac{1}{2}Q_b\right)Q_a-(120-S_a)Q_a-5000$$

$$=-\frac{1}{2}Q_a^2+\left(360-120-\frac{1}{2}Q_b+S_a\right)Q_a-5000$$

　一階の条件は，

$$\frac{\partial \Pi_a}{\partial Q_a}=-Q_a-\frac{1}{2}Q_b+S_a+240=0$$

　反応曲線は，

$$Q_a=-\frac{1}{2}Q_b+S_a+240 \tag{1}$$

　BMW の利潤は，

$$\Pi_b=\left(360-\frac{1}{2}Q_a-\frac{1}{2}Q_b\right)Q_b-120Q_b-5000$$

$$=-\frac{1}{2}Q_b^2+\left(360-120-\frac{1}{2}Q_a\right)Q_b-5000$$

155

一階の条件は,

$$\frac{\partial \Pi_b}{\partial Q_b} = \left(240 - \frac{1}{2}Q_a\right) - Q_b = 0$$

S_a の影響を受けない BMW の反応曲線は前と同じく,

$$Q_b = 240 - \frac{1}{2}Q_a \qquad\qquad (2)$$

クールノー・ナッシュ均衡を求めてみましょう。(1)式に(2)式を代入すると, $Q_a = -\frac{1}{2}\left(240 - \frac{1}{2}Q_a\right) + S_a + 240$ より,

$$Q_a = 160 + \frac{4}{3}S_a \qquad\qquad (3)$$

これを,(2)式に代入すると, $Q_b = 240 - \frac{1}{2}\left(160 + \frac{4}{3}S_a\right)$ より,

$$Q_b = 160 - \frac{2}{3}S_a \qquad\qquad (4)$$

また,均衡数量は $Q = Q_a + Q_b = 320 + \frac{2}{3}S_a$ となります。均衡価格は, $P = 360 - \frac{1}{2}Q$ より, $P = 360 - \frac{1}{2}\left(320 + \frac{2}{3}S_a\right) = 200 - \frac{1}{3}S_a$ となります。
トヨタの利潤は, P と(3)式を Π_a に代入すると,

$$\Pi_a = \left[\left(200 - \frac{1}{3}S_a\right) - (120 - S_a)\right]Q_a - 5000$$

$$= \left(80 + \frac{2}{3}S_a\right)\left(160 + \frac{4}{3}S_a\right) - 5000$$

$$= 2\left(80 + \frac{2}{3}S_a\right)^2 - 5000 \qquad\qquad (5)$$

第5章　保護貿易のメリットをみてみよう

BMW の利潤は，P 式と（4）式を Π_b に代入すると，

$$\Pi_b=\left[\left(200-\frac{1}{3}S_a\right)-120\right]Q_b-5000$$

$$=\left(80-\frac{1}{3}S_a\right)\left(160-\frac{2}{3}S_a\right)-5000$$

$$=2\left(80-\frac{1}{3}S_a\right)^2-5000 \qquad\qquad (6)$$

最適補助金額

「トヨタの利潤－補助金の費用」を最大化するような日本政府による最適補助金額を求めてみましょう。この問題では，日本国民がトヨタの株主としてトヨタを所有していると仮定し，トヨタの利潤が日本国民の社会厚生を構成するとしています。また，補助金は，国民から徴収される税金からまかなわれるため，費用ととらえます。同様に，ドイツ国民が BMW の株主として BMW を所有していると仮定し，BMW の利潤がドイツ国民の社会厚生を構成するとします。

日本の社会厚生は，（5）式及び（3）式より，

$$W_a=\Pi_a-S_aQ_a=2\left(80\times\frac{2}{3}S_a\right)^2-5000-S_a\left(160+\frac{4}{3}S_a\right) \qquad (7)$$

一階の条件は，

$$\frac{dW_a}{dS_a}=2\times2\left(80+\frac{2}{3}S_a\right)\frac{2}{3}-160-\frac{8}{3}S_a$$

$$=\left(\frac{640}{3}-160\right)-\left(\frac{8}{3}-\frac{16}{9}\right)S_a$$

$$=\frac{160}{3}-\frac{8}{9}S_a=0$$

これより，$S_a=60$ となります。この時，（3）式と（4）式より，それぞれ Q_a

157

$=240$, $Q_b=120$ となり，また，均衡数量は $Q=360$, 均衡価格は，$P=360-\dfrac{1}{2}$ Q より，$P=80$ になります。

さらに，（5）式に $S_a=60$ を代入すると，$\Pi_a=23800$, （6）式に $S_a=60$ を代入すると，$\Pi_b=2200$, （7）式に $S_a=60$ を代入すると，$W_a=9400$ になります。W_b は Π_b と同じ 2200 になります。

市場退出

実は，$S_a=60$ は最適補助金ではありません。補助金の額を増やして，BMW を市場から退出させる場合を見てみましょう。

$$\Pi_b=2\left(80-\frac{1}{3}S_a\right)^2-5000<0 \quad より，$$

$$80-\frac{1}{3}S_a<\sqrt{2500}=50$$

$$S_a>3\times(80-50)=90$$

つまり，補助金額が 90 より大きければ，利潤が出ない BMW は中国市場から撤退し，トヨタがその市場を独占することになります。この場合，トヨタの需要曲線は $P=360-\dfrac{1}{2}Q_a$ となり，限界費用は $120-90=30$ となります。したがって，$\Pi_a=-\dfrac{1}{2}Q_a^2+330Q_a-5000$ となり，一階の条件は，$\dfrac{d\Pi_a}{dQ_a}=-Q_a+330$ $=0$ より，330台の車を販売し，均衡価格は 195 になります。また，利潤は $(195-30)\times330-5000=49450$ となります。

一方，補助金の費用は 90×330台 $=29700$ となり，この場合，日本の社会厚生は，トヨタの利潤－補助金の費用＝$49450-29700=19750$ になります。この値は，補助金が $S_a=60$ である場合よりも大きなものになっています。

補助金の効果

日本政府の補助金の効果についてどのようなことがわかったでしょうか

158

第 5 章　保護貿易のメリットをみてみよう

表 5.6　輸出補助金の効果

	補助金なし		日本のみ補助金(60)		日本のみ補助金(90)	
	トヨタ	BMW	トヨタ	BMW	トヨタ	BMW
生産量	160	160	240	120	330	0
価　格	200	200	80	80	195	
利　潤	7800	7800	23800	2200	49450	
	日　本	ドイツ	日　本	ドイツ	日　本	ドイツ
社会厚生	7800	7800	9400	2200	19750	0

（表 5.6）。日本政府の輸出補助金は，トヨタの輸出と利潤を増加させ，BMW の輸出と利潤を減少させます。また，日本の社会厚生は，補助金がない場合よりも増加します（上記の計算より，9400（または 19750）＞7800 となります）。

3.2　政府間補助金競争 —— 2 段階ゲーム

　日本政府はトヨタに車 1 台当たり S_a の輸出補助金を，ドイツ政府は BMW に車 1 台当たり S_b の輸出補助金を出すとします。

企業間

　クールノー・ナッシュ均衡を求めてみましょう。この場合，$C_a＝120－S_a$, $C_b＝120－S_b$ となります。

　トヨタの利潤は,

$$\Pi_a = \left(360 - \frac{1}{2}Q_a - \frac{1}{2}Q_b\right)Q_a - C_aQ_a - F_a$$

$$= \left(360 - \frac{1}{2}Q_a - \frac{1}{2}Q_b\right)Q_a - (120 - S_a)Q_a - 5000$$

$$= -\frac{1}{2}Q_a^2 + \left(360 - 120 - \frac{1}{2}Q_b + S_a\right)Q_a - 5000$$

　一階の条件は,

159

$$\frac{\partial \Pi_a}{\partial Q_a} = -Q_a - \frac{1}{2}Q_b + S_a + 240 = 0$$

反応曲線は,

$$Q_a = -\frac{1}{2}Q_b + S_a + 240 \qquad\qquad (1)$$

BMW の利潤は,

$$\Pi_b = \left(360 - \frac{1}{2}Q_a - \frac{1}{2}Q_b\right)Q_b - C_bQ_b - F_b$$

$$= \left(360 - \frac{1}{2}Q_a - \frac{1}{2}Q_b\right)Q_b - (120 - S_b)Q_b - 5000$$

$$= -\frac{1}{2}Q_b^2 + \left(360 - 120 - \frac{1}{2}Q_a + S_b\right)Q_b - 5000$$

一階の条件は,

$$\frac{\partial \Pi_b}{\partial Q_b} = \left(240 - \frac{1}{2}Q_a + S_b\right) - Q_b = 0$$

反応曲線は,

$$Q_b = -\frac{1}{2}Q_a + S_b + 240 \qquad\qquad (2)$$

クールノー・ナッシュ均衡を求めてみましょう。(1)式に (2)式を代入すると,

$$Q_a = -\frac{1}{2}\left(-\frac{1}{2}Q_a + S_b + 240\right) + S_a + 240 \quad \text{より,}$$

160

$$Q_a = 160 + \frac{4}{3}S_a - \frac{2}{3}S_b \tag{3}$$

これを，（2）式に代入すると，

$$Q_b = -\frac{1}{2}\left(160 + \frac{4}{3}S_a - \frac{2}{3}S_b\right) + S_b + 240 \quad \text{より}$$

$$Q_b = 160 - \frac{2}{3}S_a + \frac{4}{3}S_b \tag{4}$$

また，均衡数量は $Q = Q_a + Q_b = 320 + \frac{2}{3}S_a + \frac{2}{3}S_b$ と求めることができ，均衡価格は，$P = 360 - \frac{1}{2}Q$ より，$P = 360 - \frac{1}{2}\left(320 + \frac{2}{3}S_a + \frac{2}{3}S_b\right) = 200 - \frac{1}{3}S_a - \frac{1}{3}S_b$ になります。

トヨタの利潤は，P 式と（3）式を Π_a に代入すると，

$$\Pi_a = \left[\left(200 - \frac{1}{3}S_a - \frac{1}{3}S_b\right) - (120 - S_a)\right]Q_a - 5000$$

$$= \left(80 + \frac{2}{3}S_a - \frac{1}{3}S_b\right)\left(160 + \frac{4}{3}S_a - \frac{2}{3}S_b\right) - 5000$$

$$= 2\left(80 + \frac{2}{3}S_a - \frac{1}{3}S_b\right)^2 - 5000$$

BMW の利潤は，P 式と（4）式を Π_b に代入すると，

$$\Pi_b = \left[\left(200 - \frac{1}{3}S_a - \frac{1}{3}S_b\right) - (120 - S_b)\right]Q_b - 5000$$

$$= \left(80 + \frac{2}{3}S_b - \frac{1}{3}S_a\right)\left(160 - \frac{2}{3}S_a + \frac{4}{3}S_b\right) - 5000$$

$$= 2\left(80 - \frac{1}{3}S_a + \frac{2}{3}S_b\right)^2 - 5000$$

政府間競争

それぞれの国の政府は，「企業利潤－補助金の費用」で定義された各国の社会厚生を最大化するように補助金額を決定します。各国が相手国と話し合うことなく，独自に補助金の額を決める場合における補助金のナッシュ均衡を求めてみましょう。

（1）日本政府

$$W_a = \Pi_a - S_a Q_a$$

$$= 2\left(80 + \frac{2}{3}S_a - \frac{1}{3}S_b\right)^2 - 5000 - S_a\left(160 + \frac{4}{3}S_a - \frac{2}{3}S_b\right)$$

一階の条件は，

$$\frac{\partial W_a}{\partial S_a} = 2 \times 2\left(80 + \frac{2}{3}S_a - \frac{1}{3}S_b\right)\frac{2}{3} - \left(160 - \frac{2}{3}S_b\right) - \frac{8}{3}S_a$$

$$= \frac{640}{3} - 160 - \left(\frac{8}{3} - \frac{16}{9}\right)S_a - \left(\frac{8}{9} - \frac{2}{3}\right)S_b$$

$$= \frac{160}{3} - \frac{8}{9}S_a - \frac{2}{9}S_b = 0$$

日本政府の反応曲線は，

$$S_a = 60 - \frac{1}{4}S_b \tag{5}$$

（2）ドイツ政府

$$W_b = \Pi_b - S_b Q_b$$

$$= 2\left(80 - \frac{1}{3}S_a + \frac{2}{3}S_b\right)^2 - 5000 - S_b\left(160 - \frac{2}{3}S_a + \frac{4}{3}S_b\right)$$

第5章　保護貿易のメリットをみてみよう

一階の条件は，

$$\frac{\partial W_b}{\partial S_b} = 2 \times 2\left(80 - \frac{1}{3}S_a + \frac{2}{3}S_b\right)\frac{2}{3} - \left(160 - \frac{2}{3}S_a\right) - \frac{8}{3}S_b$$

$$= \frac{640}{3} - 160 - \left(\frac{8}{3} - \frac{16}{9}\right)S_b - \left(\frac{8}{9} - \frac{2}{3}\right)S_a$$

$$= \frac{160}{3} - \frac{8}{9}S_b - \frac{2}{9}S_a = 0$$

ドイツ政府の反応曲線は，

$$S_b = 60 - \frac{1}{4}S_a \tag{6}$$

（5）式に（6）式を代入すると $S_a = 60 - \frac{1}{4}\left(60 - \frac{1}{4}S_a\right)$ となり，これを解くと，$S_a = 48$ となります。これを（6）式に代入すると，$S_b = 48$ となります。さらに，これら $S_a = 48$，$S_b = 48$ を（3）式と（4）式に代入すると，$Q_a = 192$ 及び $Q_b = 192$ となり，均衡数量は $Q = 384$，また，均衡価格 $P = 168$ になります。

トヨタの利潤は，$\Pi_a = 2\left(80 + \frac{2}{3}S_a - \frac{1}{3}S_b\right)^2 - 5000$ に，$S_a = 48$ 及び $S_b = 48$ を代入すると，$\Pi_a = 13432$ となり，BMW の利潤は，$\Pi_b = 2\left(80 + \frac{2}{3}S_b - \frac{1}{3}S_a\right)^2 - 5000$ に，$S_a = 48$ 及び $S_b = 48$ を代入すると，$\Pi_b = 13432$ となります。

また，日本の社会厚生は，$W_a = \Pi_a - S_a Q_a$ より，$13432 - 48 \times 192$ を計算すると，$W_a = 4216$ となり，同様に，ドイツの社会厚生は，$W_b = \Pi_b - S_b Q_b$ より，$13432 - 48 \times 192$ を計算すると，$W_b = 4216$ になります。この問題では，日本とドイツがすべて対称な設定なので，すべての解も同じになります。

輸出補助金競争の弊害

両政府が輸出補助金を出すと，日本だけが補助金を出す場合や両国とも補助金を出さない場合に比べて，どのような違いが見られるでしょうか。表5.7を

表5.7 政府間補助金競争の効果

	補助金なし		日本のみ補助金(60)		日本のみ補助金(90)		両政府が補助金	
	トヨタ	BMW	トヨタ	BMW	トヨタ	BMW	トヨタ	BMW
生産量	160	160	240	120	330	0	192	192
価格	200	200	80	80	195		168	168
利潤	7800	7800	23800	2200	49450		13432	13432
	日 本	ドイツ	日 本	ドイツ	日 本	ドイツ	日 本	ドイツ
社会厚生	7800	7800	9400	2200	19750	0	4216	4216

見てみましょう。

両政府が輸出補助金を出すと，$W_a = 4216$ 及び $W_b = 4216$ になり，日本だけが補助金を出す場合である $W_a = 9400$ 及び $W_b = 2200$ に比べて，日本の社会厚生は下がり，ドイツの社会厚生はあがります。どちらか一方が補助金を出すのであれば，もう一方の国も対抗して補助金を出す方が良いことになります。

しかし，両国とも補助金を出すとどうなるでしょうか。両政府が輸出補助金を出す場合の $W_a = 4216$ 及び $W_b = 4216$ と，両国とも補助金を出さない場合の社会厚生 $\Pi_a = \Pi_b = W_a = W_b = 7800$ と比べると，両国とも社会厚生が下がってしまいます。なぜでしょうか。補助金は両企業の費用を下げるため輸出量を増やしますが，一方で価格も下がってしまうため，補助金の費用効果を上回るほどには利潤が増えず，社会厚生が減少してしまうのです。補助金の提供は，政府にとって「囚人のジレンマ」というわけです。結局，補助金のメリットを享受するのは，中国市場において安い車を買えるようになった中国人消費者ということになります。

固定費用の変化

上記の問題において，日本政府だけが輸出補助金を提供する場合に戻りましょう。但し，固定費用が5,000から8,000に増加したとします。日本政府は補助金の額を決め，その額にコミットする（変更しない）とします。その後，企業が同時に数量を決定するとします。クールノー・ナッシュ均衡を求めてみ

第5章 保護貿易のメリットをみてみよう

ましょう。

固定費用は一階の条件に影響を与えないので，企業の反応曲線は変わりません。また，日本政府の最適補助金額も，固定費用の影響を受けないので，S_a＝60 のままです。但し，企業の利潤や社会厚生が変わってきます。固定費用の差額 3,000 分低下するからです。

この場合，トヨタの利潤は $\Pi_a = 2\left(80 + \dfrac{2}{3} S_a\right)^2 - 8000$ に S_a＝60 を代入すると，Π_a＝20800 となり，BMW の利潤は $\Pi_b = 2\left(80 - \dfrac{1}{3} S_a\right)^2 - 8000$ に S_a＝60 を代入すると，Π_b＝－800 となります。

この場合，日本の社会厚生は $W_a = \Pi_a - S_a Q_a = 20800 - 60 \times 240$ より，W_a＝6400，ドイツの社会厚生は $W_b = \Pi_b$ より，W_b＝－800 となります。BMW の利潤が負の値になるので，BMW は市場から撤退します。つまり，トヨタの独占となります。

トヨタが市場を独占している場合，$P = 360 - \dfrac{1}{2} Q$ はトヨタが直面する需要曲線，また，限界費用が 60 なので，トヨタの利潤は，

$$\Pi_a = \left(360 - \frac{1}{2} Q_a\right) Q_a - C_a Q_a - F_a$$

$$= \left(360 - \frac{1}{2} Q_a\right) Q_a - 60 Q_a - 8000$$

より一階の条件は，$\dfrac{d\Pi_a}{dQ_a} = -Q_a + 300 = 0$ より，一階の条件を解くと，$Q = Q_a$＝300 となります。これを需要曲線 $P = 360 - \dfrac{1}{2} Q$ に代入すると，P＝210 になります。

また，トヨタの利潤を計算すると，$\Pi_a = (210 - 60)300 - 8000 = 37000$，日本の社会厚生は $W_a = \Pi_a - S_a Q_a = 37000 - 60 \times 300 = 19000$ となります。

市場退出

実は，BMW を中国市場から撤退させるためには，日本政府は補助金を 60 も提供する必要はありません。

165

$$\Pi_b = 2\left(80 - \frac{1}{3}S_a\right)^2 - 8000 < 0$$

$$80 - \frac{1}{3}S_a < \sqrt{4000} \approx 63.25$$

$$S_a > 3 \times (80 - 63.25) = 50.25$$

より 50.25 以上の補助金を提供すればよいのです。

固定費用が高くなると，競争相手を退出させるために必要な補助金額が少なくて済みます。

3.3　費用等変数の一般化

限界費用や固定費用の数字が与えられていると問題を解けるのですが，文字に置き換わった途端に解けなくなる学生がいます。文字に置き換わると，繁雑な計算をしなくて良いので，取り組みやすいと思うのですが，そうでもないようです。

これまでの問題において，限界費用や固定費用などを文字のまま解くことにも慣れておきましょう。

トヨタと BMW が中国市場で競争している場合を考えましょう。ここでは，トヨタと BMW による中国市場への輸出だけに焦点をあて，日本やヨーロッパ市場における国内販売は考慮しません。自動車市場にはトヨタと BMW の 2 強しか存在せず，トヨタ車と BMW 車は中国の消費者にとって完全代替（どちらの車でも構わない）とします。中国市場における需要関数は，$P = 360 - \frac{1}{2}Q$ とします。ここで，Q はトヨタと BMW による自動車の総供給量，P は両社に共通の価格とします。また，トヨタは輸出のための固定費用が F_a，一定である限界費用が C_a，BMW は輸出のための固定費用が F_b，一定である限界費用が C_b とします。添え字 a はトヨタ，添え字 b は BMW を意味します。輸出のための固定費用は，輸出をする場合にのみ生じるとします。トヨタと BMW は，数量を選択してそれぞれの利潤を最大化するとします。

第 5 章　保護貿易のメリットをみてみよう

それぞれの企業の反応曲線を求めてみましょう。$Q=Q_a+Q_b$ と書けるので，トヨタの利潤は，

$$\Pi_a=\left(360-\frac{1}{2}Q_a-\frac{1}{2}Q_b\right)Q_a-C_aQ_a-F_a$$

$$=-\frac{1}{2}Q_a^2+\left(360-C_a-\frac{1}{2}Q_b\right)Q_a-F_a$$

一階の条件は，

$$\frac{\partial \Pi_a}{\partial Q_a}=\left(360-C_a-\frac{1}{2}Q_b\right)-Q_a=0$$

反応曲線は，

$$Q_a=360-C_a-\frac{1}{2}Q_b \qquad\qquad (1)$$

BMW の利潤は，

$$\Pi_b=\left(360-\frac{1}{2}Q_a-\frac{1}{2}Q_b\right)Q_b-C_bQ_b-F_b$$

$$=-\frac{1}{2}Q_b^2+\left(360-C_b-\frac{1}{2}Q_a\right)Q_b-F_b$$

一階の条件は，

$$\frac{\partial \Pi_b}{\partial Q_b}=\left(360-C_b-\frac{1}{2}Q_a\right)-Q_b=0$$

反応曲線は，

$$Q_b=360-C_b-\frac{1}{2}Q_a \qquad\qquad (2)$$

167

クールノー・ナッシュ均衡を求めてみましょう。

（1）式に（2）式を代入すると，

$$Q_a = 360 - C_a - \frac{1}{2}\left(360 - C_b - \frac{1}{2}Q_a\right)$$

$$= 180 - C_a + \frac{1}{2}C_b + \frac{1}{4}Q_a$$

より，

$$Q_a = 240 - \frac{4}{3}C_a + \frac{2}{3}C_b \tag{3}$$

（3）式を（2）式に代入すると，

$$Q_b = 240 + \frac{2}{3}C_a - \frac{4}{3}C_b \tag{4}$$

均衡における総生産量は，

$$Q = Q_a + Q_b = 480 - \frac{2}{3}C_a - \frac{2}{3}C_b \tag{5}$$

均衡価格は，（5）式を $P = 360 - \frac{1}{2}Q$ に代入して，

$$P = 360 - \frac{1}{2}\left(480 - \frac{2}{3}C_a - \frac{2}{3}C_b\right) = 120 + \frac{1}{3}C_a + \frac{1}{3}C_b$$

トヨタの利潤は，P 式及び（3）式を使って，

$$\Pi_a = \left[\left(120 + \frac{1}{3}C_a + \frac{1}{3}C_b\right) - C_a\right]Q_a - F_a$$

$$= \left(120 - \frac{2}{3}C_a + \frac{1}{3}C_b\right)\left(240 - \frac{4}{3}C_a + \frac{2}{3}C_b\right) - F_a$$

$$=2\left(120-\frac{2}{3}C_a+\frac{1}{3}C_b\right)^2-F_a$$

同様に，BMW の利潤は，P 式及び（4）式を使って，

$$\Pi_b=2\left(120+\frac{1}{3}C_a-\frac{2}{3}C_b\right)^2-F_b$$

となります。

　こうして導いた解に，上記問題で使用された費用の数値，例えば，$C_a=C_b$ $=120$，$F_a=F_b=5000$ を（3）式の $Q_a=240-\frac{4}{3}C_a+\frac{2}{3}C_b$ に代入すると，$Q_a=240-\frac{4}{3}\times120+\frac{2}{3}\times120=160$ となり，上記で解いたものと解答が一致します。

④ 異なる市場での競争

4.1 地域市場での競合

　二国，2 企業の場合を考えます。国 1（または国 2）に，企業 A（または企業 B）があり，両方の企業とも同質の財を生産しています。国 1 における需要関数が $P(Y)=5-Y$，但し，Y は総消費量とします。また，企業 A の費用関数は，$C_A(y_A)=1+c_ay_A$，競合する企業 B の費用関数は $C_B(y_B)=1+c_by_B$ であるとします。

　この問題は，2 つの異なる状況を比較する問題です。1 つは，地域市場で競合している場合，もう 1 つは第三国市場に輸出する場合です。

　まず，地域市場（国 1）での競合ケースから考えていきます。企業 B は国 1 と国 2 の両方で販売をしますが，企業 A は輸出しないとします。国 2 から国 1 への単位あたり輸送費用が $\tau>0$ としましょう。両企業は，国 1 の市場においてクールノー的な競争しているとします。また，費用関数において，$c_a=1$，$c_b=\frac{1}{2}$ とします。

　国 1 におけるクールノー・ナッシュ均衡を解いてみましょう。また，図に描

いて説明をしていきます。

企業 A の利潤は,

$$\Pi_A = P(Y) \cdot y_A - C_A(y_A)$$
$$= (5 - y_A - y_B) \cdot y_A - (1 + y_A)$$
$$= 4y_A - y_A{}^2 - y_A y_B - 1$$

利潤を最大化するには,

$$\frac{\partial \Pi_A}{\partial y_A} = 4 - 2y_A - y_B = 0$$

よって, 企業 A の反応曲線は,

$$y_A = 2 - \frac{1}{2} y_B$$

企業 B の利潤は,

$$\Pi_B = P(Y) \cdot y_B - (C_B(y_B) + \tau \cdot y_B)$$
$$= (5 - y_A - y_B) \cdot y_B - \left(1 + \frac{1}{2} y_B + \tau \cdot y_B\right)$$
$$= \left(\frac{9}{2} - \tau\right) y_B - y_B{}^2 - y_A y_B - 1$$

利潤を最大化するには,

$$\frac{\partial \Pi_B}{\partial y_B} = \frac{9}{2} - \tau - y_A - 2y_B = 0$$

よって, 企業 B の反応曲線は,

$$y_B = \frac{9}{4} - \frac{1}{2}\tau - \frac{1}{2} y_A \quad (\text{or} \quad y_A = \frac{9}{2} - \tau - 2y_B)$$

第5章　保護貿易のメリットをみてみよう

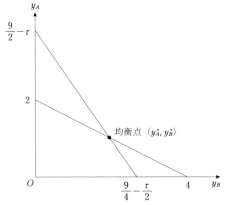

図5.9　地域市場における競争のクールノー均衡

これを図で表すと図5.9のようになります。図5.9において，企業Aと企業Bの反応曲線の交点がクールノー均衡になります。

$$\begin{cases} y_A = 2 - \dfrac{1}{2} y_B & \quad (1) \\ y_B = \dfrac{9}{4} - \dfrac{1}{2}\tau - \dfrac{1}{2} y_A & \quad (2) \end{cases}$$

（2）式に（1）式の y_A を代入すると，y_B が次のように求められます。

$$y_B = \frac{5}{3} - \frac{2}{3}\tau$$

この y_B を（1）式に代入しなおすと，y_A が次のように求めることができます。

$$y_A = \frac{7}{6} + \frac{1}{3}\tau$$

これより，クールノー均衡 (y_A^*, y_B^*) は $\left(\dfrac{7}{6} + \dfrac{1}{3}\tau, \dfrac{5}{3} - \dfrac{2}{3}\tau\right)$ になります。

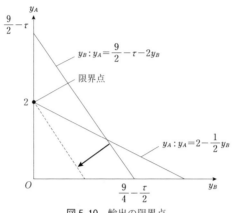

図 5.10　輸出の限界点

輸送費用と生産量

τ の値と企業 B の生産量の関係について議論してみましょう。企業 B が国 1 に輸出しなくなるのはどのような時でしょうか。

τ には限界値があります。生産量が 0 よりも大きいためには

$$y_B = \frac{5}{3} - \frac{2}{3}\tau > 0 \quad \Rightarrow \quad (0<)\tau < \frac{5}{2}$$

これを図で見ると，図 5.10 のようになります。もし，τ が増えると反応曲線は下方にシフトします。この時，y_B が 0 になる時の交点が限界点になります。輸送費用が大きくなりすぎると，企業 B は輸出をやめてしまいます。

貿易の有無

貿易をする場合（企業 B が国 1 に輸出する場合）と貿易をしない場合（企業 B が国 1 に輸出しない場合）を比べてみましょう。企業 A の利潤が国 1 の社会厚生であるとすると，どんなことがいえるでしょうか（ヒント：輸送費用 τ が取れる範囲に注意してみてください）。

貿易する場合は，

第5章　保護貿易のメリットをみてみよう

$$\Pi_1^{open} = (5 - y_A - y_B) \cdot y_A - (1 + y_A)$$

$$= \left(\frac{13}{6} + \frac{1}{3}\tau\right)\left(\frac{7}{6} + \frac{1}{3}\tau\right) - \left(\frac{13}{6} + \frac{1}{3}\tau\right)$$

$$= \frac{1}{36}(13 + 28\tau + 4\tau^2)$$

貿易しない場合は,

$$\Pi_1^{closed} = (5 - y_A) \cdot y_A - (1 + y_A)$$

利潤最大化の条件は,

$$\frac{\mathrm{d}\Pi_1^{closed}}{\mathrm{d}y_A} = 5 - 2y_A - 1 = 0$$

これを解くと $y_A = 2$ となり, したがって $\Pi_1^{closed} = 3 \times 2 - 3 = 3$ が導かれるため, この2つの場合を比較することになります。

$$\Pi_1^{open} - \Pi_1^{closed} = \frac{1}{36}(13 + 28\tau + 4\tau^2) - 3 = \frac{1}{36}(28\tau + 4\tau^2)$$

ここで,

$$\frac{\mathrm{d}\Pi_1^{open}}{\mathrm{d}\tau} = \frac{1}{36}(28 + 8\tau)$$

また, $\tau > 0$ より $\frac{\mathrm{d}\Pi_1^{open}}{\mathrm{d}\tau} > 0$ となります。つまり, τ が増加すると, Π_1^{open} も増加します。さらに, $0 < \tau < \frac{5}{2}$ より, $\tau = \frac{5}{2}$ の場合, Π_1^{open} は最大値をとるので

$$\Pi_1^{open} = \frac{1}{36}\left(13 + 28 \cdot \frac{5}{2} + 4 \cdot \frac{25}{4}\right) = 3$$

これより, $\Pi_1^{open} < 3$, つまり, $\Pi_1^{open} < \Pi_1^{closed}$ となるので, 貿易をしない方が

173

良いことになります。

4.2 第三国市場における競争

次に，両社とも第三国の市場に輸出して競争する場合を考えてみましょう。両社とも同じ輸送費用 τ を負担するとします。また，第三国市場における需要関数は $P(Y)=5-Y$ とし，Y は総消費量とします。

反応曲線

それぞれの企業の反応曲線を求め，図 5.11 に描いてみましょう。また，クールノー・ナッシュ均衡を解いていきます。

企業 A の利潤は，

$$
\begin{aligned}
\Pi_A &= P(Y)\cdot y_A-(C_A(y_A)+\tau\cdot y_A) \\
&= (5-y_A-y_B)\cdot y_A-(1+y_A)-\tau y_A \\
&= -y_A{}^2+(4-\tau)y_A-y_A y_B-1
\end{aligned}
$$

利潤最大化の条件は，

$$
\frac{\partial \Pi_A}{\partial y_A}=4-\tau-2y_A-y_B=0
$$

よって，企業 A の反応曲線は，

$$
y_A=2-\frac{\tau}{2}-\frac{1}{2}y_B
$$

企業 B の利潤は，

$$
\begin{aligned}
\Pi_B &= P(Y)\cdot y_B-(C_B(y_B)+\tau\cdot y_B) \\
&= \left(\frac{9}{2}-\tau\right)y_B-y_B{}^2-y_A y_B-1
\end{aligned}
$$

174

第5章 保護貿易のメリットをみてみよう

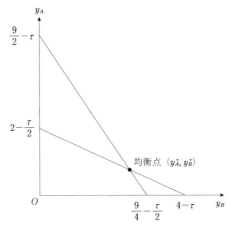

図 5.11 第三国市場における競争の均衡

利潤最大化の条件は,

$$\frac{\partial \Pi_B}{\partial y_B} = \frac{9}{2} - \tau - 2y_B - y_A = 0$$

よって,企業 B の反応曲線は

$$y_B = \frac{9}{4} - \frac{1}{2}\tau - \frac{1}{2}y_A \quad \left(or \quad y_A = -2y_B + \frac{9}{2} - \tau \right)$$

それぞれの反応曲線を描くと図 5.11 のようになっています。

$$\begin{cases} y_A = 2 - \dfrac{\tau}{2} - \dfrac{1}{2}y_B & (3) \\ y_B = \dfrac{9}{4} - \dfrac{1}{2}\tau - \dfrac{1}{2}y_A & (4) \end{cases}$$

(4)式に(3)式の y_A を代入すると,y_B が次のように求められます。

$$y_B = \frac{5}{3} - \frac{\tau}{3}$$

その y_B を（3）式に代入しなおすと，y_A が次のように求めます。

$$y_A = \frac{7}{6} - \frac{\tau}{3}$$

以上より均衡点は，

$$(y_A^*, y_B^*) = \left(\frac{7}{6} - \frac{\tau}{3}, \frac{5}{3} - \frac{\tau}{3} \right)$$

となります。

輸出補助金の効果

　国 1 の政府が，企業 A に対して，単位当たり s の輸出補助金を与えるとします。クールノー・ナッシュ均衡を解き，企業 A の生産量，市場占有率や利潤がどうなるかなど，その効果について論じてみましょう。

　単位当たりの費用が安くなることで，限界費用が $\tau - s$ として表されます。すると，補助金を受けた場合の企業 A の利潤は，

$$\Pi_A^s = P(Y) \cdot y_A - C(y_A) - (\tau - s) y_A$$
$$= (5 - y_A - y_B) \cdot y_A - (1 + y_A) - (\tau - s) y_A$$
$$= -y_A{}^2 + (4 - \tau + s) \cdot y_A - y_A y_B - 1$$

利潤最大化の条件は，

$$\frac{\partial \Pi_A}{\partial y_A} = -2 y_A + 4 - \tau + s - y_B = 0$$

企業 A の反応曲線は，

$$y_A = 2 - \frac{\tau}{2} + \frac{s}{2} - \frac{y_B}{2} \tag{5}$$

第 5 章　保護貿易のメリットをみてみよう

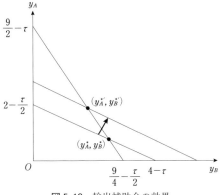

図 5.12　輸出補助金の効果

企業 B の反応曲線は前問と同じなので，(4)式中の y_B を (5)式に代入すると，

$$y_A = \frac{7}{6} - \frac{\tau}{3} + \frac{2s}{3}$$

になります。これを (4) 式に代入すると，

$$y_B = \frac{5}{3} - \frac{\tau}{3} - \frac{s}{3}$$

均衡は，

$$(y_A^{*'}, y_B^{*'}) = \left(\frac{7}{6} - \frac{\tau}{3} + \frac{2s}{3}, \frac{5}{3} - \frac{\tau}{3} - \frac{s}{3} \right)$$

補助金の影響で，y_A は $\frac{2}{3}s$ 分増え，逆に，y_B は $\frac{1}{3}s$ 分減ります。すなわち，企業 A の市場占有率が高まり，企業 B の市場占有率が低くなります。

図 5.12 で見てみると，反応曲線が上方にシフトします。そのため，同図から分かる通り，企業 A の生産量は上昇し，企業 B の生産量は減少します。すると，企業 A の市場占有率は増えます。また，ここでは求めませんが，実際に利潤を計算してみると，企業 A の利潤が増えることも示せるはずです（み

177

なさんも計算してみましょう）。直感的には，企業 A が市場を独占している切片の方向へ，均衡点が移動していくことからもわかると思います。

関税引き下げ

国 1 と第三国が貿易協定を結び，国 1 からの輸入に対する第三国での関税が引き下げられたとします。輸送費用の中には関税などの費用も含まれていたとすると，関税の引き下げは，1 単位当たりの輸送費用が τ から τ^* に下がると表され，企業 A の限界費用だけが下がることになります。この場合の効果について論じてみましょう。

輸出補助金の効果（176頁）において，$\tau - \tau^* = s$ とおいてみましょう。

$$\Pi_A^{\tau^*} = P(Y) \cdot y_A - C(y_A) - (\tau - (\tau - \tau^*)) y_A$$

$$= P(Y) \cdot y_A - C(y_A) - \tau^* y_A$$

となり，輸出補助金の効果（176頁）と同じ効果になることがわかります。

したがって，解答は輸出補助金の効果（176頁）とまったく同じです。企業 A の生産量が増える一方，企業 B の生産量が減り，費用が減った企業 A の利潤が増加します。

技術革新

技術革新により企業 A の限界費用が 1 から $c_a = \dfrac{1}{\delta}$ へ減少したとします。この場合の効果を議論してみましょう。

技術革新によって，企業 A の利潤は，

$$\Pi_A = P(Y) \cdot y_A - (C_A(y_A) + \tau y_A)$$

$$= (5 - y_A - y_B) y_A - \left(1 + \frac{1}{\delta} y_A\right) - \tau y_A$$

$$= \left(5 - \frac{1}{\delta} - \tau\right) y_A - y_A{}^2 - y_A y_B - 1$$

178

第5章　保護貿易のメリットをみてみよう

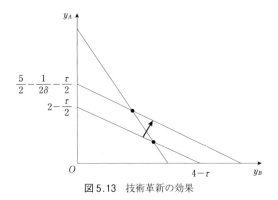
図5.13　技術革新の効果

利潤最大化の条件は，

$$\frac{\partial \Pi_A}{\partial y_A} = 5 - \frac{1}{\delta} - \tau - 2y_A - y_B = 0$$

$$y_A = \frac{5}{2} - \frac{1}{2\delta} - \frac{\tau}{2} - \frac{1}{2}y_B$$

この反応曲線を図5.13に書き加えるために，その切片を見てみましょう。$\frac{5}{2} - \frac{1}{2\delta} - \frac{\tau}{2}$ が，これまでの切片よりも上方に位置することが分かれば，新しい反応曲線は上方にシフトすることになります。

$$\frac{5}{2} - \frac{1}{2\delta} - \frac{\tau}{2} - \left(2 - \frac{\tau}{2}\right) = \frac{1}{2}\left(1 - \frac{1}{\delta}\right)$$

ここで，$\delta > 1$（費用 $c_a = \frac{1}{\delta}$ が減る状況なので）という前提条件があります。したがって，$\frac{1}{2}\left(1 - \frac{1}{\delta}\right) > 0$ になります。つまり，$\frac{5}{2} - \frac{1}{2\delta} - \frac{\tau}{2} > 2 - \frac{\tau}{2}$ より，反応曲線が上方にシフトすることもわかります。

すると，企業Aの生産量が増える一方，企業Bの生産量が減り，輸出補助金や関税の低下の場合と同様に，企業Aの市場占有率が増える結果となります。

政策の効果

　輸出補助金，貿易協定締結による関税の低下，並びにR&D等技術革新による限界費用の低下の効果について，どのようなことがわかったかでしょうか。

　上記3つの問題を全部まとめてみるとどのようなことが言えますかということですが，すべて同様の効果，つまり，企業Aの反応曲線を上方へシフトさせ，企業Aの生産量を増加させる一方，企業Bの生産量を減少させ，企業Aの市場占有率を拡大させることになります。

　また，企業Aの利潤の変化についても数式を解いてみましょう。

（1）初期状態の利潤

　$(y_A^*, y_B^*) = \left(\dfrac{7}{6} - \dfrac{\tau}{3}, \dfrac{5}{3} - \dfrac{\tau}{3}\right)$ を $\Pi_A = -y_A{}^2 + (4-\tau)y_A - y_A y_B - 1$ に代入すると

$$\Pi_A = \frac{13}{36} - \frac{7}{9}\tau + \frac{\tau^2}{9}$$

（2）輸出補助金の場合の利潤

　補助金を受ける場合を一例として，(y_A^*, y_B^*) を $\Pi_A^s = -y_A{}^2 + (4-\tau+s) \cdot y_A - y_A y_B - 1$ に代入すると

$$\Pi_A^s = \frac{13}{36} - \frac{7}{9}\tau + \frac{\tau^2}{9} + \frac{4}{9}s^2 - \frac{4}{9}\tau s + \frac{14}{9}s$$

　（1）と（2），この2つを比較します。

$$\Pi_A^s - \Pi_A = \frac{4}{9}s^2 - \frac{4}{9}\tau s + \frac{14}{9}s$$

$$= \frac{4}{9}s^2 + \left(\frac{14}{9} - \frac{4}{9}\tau\right) \cdot s$$

$$= \left[\left(\frac{2}{3}s\right) + \left(\frac{7}{6} - \frac{1}{3}\tau\right)\right]^2 - \left(\frac{7}{6} - \frac{1}{3}\tau\right)^2$$

第 5 章　保護貿易のメリットをみてみよう

$$=\left(\frac{2}{3}s+y_A^*\right)^2-\left(y_A^*\right)^2$$

$$=\frac{4}{9}s^2+\frac{4}{3}s\cdot y_A^*$$

$s>0,y_A^*>0$ により，$\dfrac{4}{9}s^2+\dfrac{4}{3}s\cdot y_A^*>0$。つまり，$\Pi_A^s>\Pi_A$ となり，補助金を受けることによって企業 A の利潤が増えます。他の政策においても同じような計算をすることによって，補助金の場合と同様の効果を持つことがわかります。

【別解】

$$\Pi_A^s-\Pi_A=\left(\frac{2}{3}s+y_A^*\right)^2-\left(y_A^*\right)^2$$

$$=\left(\frac{2}{3}s+y_A^*+y_A^*\right)\left(\frac{2}{3}s+y_A^*-y_A^*\right)$$

$$=\left(\frac{2}{3}s+2y_A^*\right)\frac{2}{3}s>0$$

⑤　保護貿易の政治経済学

5.1　ロビー活動の弊害

　別の問題により理解を深めていきましょう。上記と同じような問題ですが，少し簡単になっています。数式が対称的になっているため，すべての答えが対称的になるからです。

　トヨタと BMW がアジア市場で自動車を販売しているとします。アジア市場での自動車の需要関数は，$P=100-0.25(x+y)$，但し，P は自動車の価格，x はトヨタの生産量，y は BMW の生産量とします。

　両企業は生産量を選択することによって，クールノー型の競争を行っています。それぞれの企業の総費用が，$C(x)=500+25x$，$C(y)=500+25y$ と仮定し

181

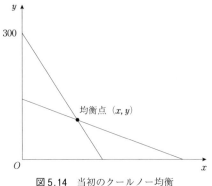

図 5.14 当初のクールノー均衡

ましょう。それぞれの企業の反応曲線を求め,クールノー・ナッシュ均衡を解いてみましょう。また,図 5.14 に描いて説明をしてみます。

それぞれの企業の利潤関数を規定して,一階の条件をとることにより,反応曲線が導かれます。また,両社の反応曲線の交わる点で均衡が決まります。

トヨタの利潤は,

$$\Pi_x = P \cdot x - C(x)$$
$$= [100 - 0.25(x+y)] \cdot x - (500 + 25x)$$
$$= 75x - 0.25x^2 - 0.25xy - 500$$

利潤最大化の条件は,

$$\frac{\partial \Pi_x}{\partial x} = 75 - 0.5x - 0.25y = 0$$

トヨタの反応曲線は,

$$x = 150 - 0.5y \ (or \quad y = 300 - 2x)$$

となります。

BMW の利潤は,

第5章　保護貿易のメリットをみてみよう

$$\Pi_y = P \cdot y - C(y)$$

$$= [100 - 0.25(x+y)] \cdot y - (500 + 25y)$$

$$= 75y - 0.25y^2 - 0.25xy - 500$$

利潤最大化の条件は,

$$\frac{\partial \Pi_y}{\partial y} = 75 - 0.5y - 0.25x = 0$$

BMW の反応曲線は,

$$y = 150 - 0.5x$$

となります。

$$\begin{cases} x = 150 - 0.5y \\ y = 150 - 0.5x \end{cases} \Rightarrow (x,y) = (100,100)$$

また，均衡価格は $P = 100 - 0.25(100+100) = 50$，総産出量は $x+y = 200$ となります。

均衡における費用と利潤について計算してみましょう。均衡における費用は $C(x) = C(y) = 500 + 25 \times 100 = 3000$，利潤は $\Pi_x = \Pi_y = 50 \times 100 - 3000 = 2000$ となります。

次に，日本政府がトヨタに自動車1台当たり s の輸出補助金を与えるとします。それぞれの企業の反応曲線を求め，クールノー・ナッシュ均衡を解いてみましょう。また，図 5.15 に描いて説明をしてみましょう。ただし，この補助金は 75 より小さいとします。

補助金があるので，その分単位当たりの費用が安くなりますから，費用から差し引くという形になります。

輸出補助金がある場合のトヨタの利潤は,

183

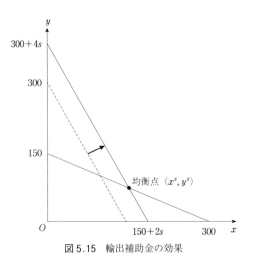

図 5.15 輸出補助金の効果

$$\Pi_x^s = P \cdot x - (C(x) - sx)$$
$$= [100 - 0.25(x+y)] \cdot x - (500 + 25x - sx)$$
$$= (75+s) \cdot x - 0.25x^2 - 0.25xy - 500$$

利潤最大化の条件は,

$$\frac{\partial \Pi_x^s}{\partial x} = 75 + s - 0.5x - 0.25y$$

トヨタの反応曲線は,

$$x = 150 + 2s - 0.5y \quad (\text{or} \quad y = 300 + 4s - 2x)$$

となります。

一方, BMW の反応曲線は前の問題と同じ(変わらない)ため,

$$y = 150 - 0.5x$$

です。

$$\begin{cases} x = 150 + 2s - 0.5y \\ y = 150 - 0.5x \end{cases} \Rightarrow (x^1, y^1) = \left(100 + \frac{8}{3}s, \ 100 - \frac{4}{3}s\right)$$

トヨタは $\frac{8}{3}s$ 分増産し，BMW は $\frac{4}{3}s$ 分減産することになります。
この場合，総産出量は，

$$Q^s = x^s + y^s = 200 + \frac{4}{3}s$$

この総産出量を価格の式に代入すると均衡価格は，

$$P^s = 100 - 0.25Q^s = 50 - \frac{1}{3}s$$

となります。

　補助金 s が入った反応曲線を考えることになりますが，トヨタの反応曲線は以前よりも上方にシフトすることになります。2つの反応曲線の交わる均衡点をみてみると，トヨタは増産，BMW は減産となっています。トヨタに対して s 分の補助金が与えられたので，もっともな結果と言えます。

　新しい均衡で利潤を計算し，どちらの企業が得しているかをみてみましょう。また，両方の企業の利潤を合わせた総利潤はどうなっているでしょうか。さらに，輸出補助金によって，アジアの消費者にどのような影響があったのでしょうか。

　トヨタは，

$$\Pi_x{}^s = (75 + s) \cdot x - 0.25x^2 - 0.25xy - 500$$

$$= 2000 + \frac{400}{3}s + \frac{16}{9}s^2$$

$s > 0$ より，$\Pi_x{}^s > 2000$ が導かれるため，利潤が増加します。
　一方，BMW は，

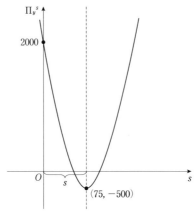

図 5.16　BMW の利潤とトヨタへの補助金の関係

$$\Pi_y^s = 75y - 0.25y^2 - 0.25xy - 500$$

$$= 2000 - \frac{200}{3}s + \frac{4}{9}s^2$$

$$= \left(\frac{2}{3}s - 50\right)^2 - 500$$

この式はトヨタのものよりも少し複雑ですが，s が 75 よりも小さいことを考慮すると，利潤が減っていることが分かります．

$$\frac{d\Pi_y^s}{ds} = \frac{8}{9}s - \frac{200}{3} = \frac{8}{9}(s - 75) < 0 \quad if \quad 0 < s < 75$$

つまり，利潤が減少します．これを図 5.16 で表します．

　　$0 < s < 75$ より，$\Pi_y^s < 2000$

まとめてみましょう．輸出補助金がない場合の利潤を Π_x, Π_y とすると，上記の式で $0 = s$ とおけばよいことと合わせて，利潤の変化を比べると，

第5章　保護貿易のメリットをみてみよう

$\Pi_x=2000, \Pi_x{}^s>2000$

$\Pi_y=2000, \Pi_y{}^s<2000$

トヨタの利潤は増加し，BMW の利潤は減少します。

また，$\Pi_x{}^s+\Pi_y{}^s=4000+\dfrac{200}{3}s+\dfrac{20}{9}s^2$ となり，

$s>0$ より，$\Pi_x{}^s+\Pi_y{}^s>4000$

つまり，両社の利潤を合計した総利潤は増加します。

一方，消費者への影響は，

$$P^s=100-0.25\left(100+\dfrac{8}{3}s+100-\dfrac{4}{3}s\right)=50-\dfrac{1}{3}s$$

$s>0$ より，$P^s<P=50$

$$Q^s=100+\dfrac{8}{3}s+100-\dfrac{4}{3}s=200+\dfrac{4}{3}s$$

$s>0$ より，$Q^s>Q=200$

価格が $\dfrac{1}{3}s$ 下がり，生産量（消費量）が $\dfrac{4}{3}s$ 増えることから，消費者には好ましいことがわかります。

最適補助金額とロビー

日本政府による最適な補助金水準について計算してみましょう。但し，ここでは，補助金を受け取った後のトヨタの利潤から日本の消費者によって負担される補助金の費用を引いたものを社会厚生 G とおき，$G=\Pi_x{}^s-sx$ を最大化するような補助金を求めてみましょう。

$$G=\Pi_x{}^s-sx=2000+\dfrac{400}{3}s+\dfrac{16}{9}s^2-s\left(100+\dfrac{8}{3}s\right)=2000+\dfrac{100}{3}s-\dfrac{8}{9}s^2$$

$$\dfrac{dG}{ds}=\dfrac{100}{3}-\dfrac{19}{6}s=0 \quad \therefore s=\dfrac{75}{4}=18.75$$

187

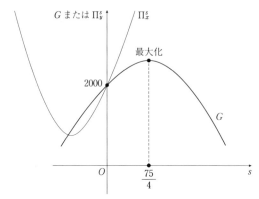

図 5.17　補助金と社会厚生の関係

このとき，$G=\dfrac{4625}{2}=2312.5$ となります。

均衡における最適補助金額について，企業の立場から議論してみましょう。

$s>0$ より，$\dfrac{d\Pi_x^s}{ds}=\dfrac{32}{9}s+\dfrac{400}{3}>0$

図 5.17 からもわかるように，G が最も大きくなるのは，補助金が $\dfrac{75}{4}$ の場合です。一方，トヨタの利潤を描くと，s が大きくなればなるほど，その利潤も大きくなります。補助金が多ければ多いほどトヨタは得をするので，G を最大化する水準 $s=\dfrac{75}{4}$ 以上に，補助金を出すよう政府に働きかける誘因があります。

補助金額が 75 である場合の市場の状況を記述し，その状況を最適補助金の場合と比べて，議論してみましょう。日本の消費者（社会厚生）にはどのような影響があるでしょうか。

$s=75$ の場合，生産量は $(x,y)=(300,0)$ となり，トヨタのみ生産することになります。補助金の額が最適補助金額よりも多く，トヨタは喜んで生産しますが，BMW が市場から締め出されてしまいます。この場合，

$\Pi_x^{ss}=2000+\dfrac{400}{3}\cdot 75+\dfrac{19}{6}\cdot 75^2=22000$

$$G^{ss} = 2000 + \frac{100}{3} \cdot 75 - \frac{8}{9} \cdot 75^2 = -500 < \frac{4625}{2} = 2312.5$$

のように，社会厚生はマイナスになってしまいます。$s = \dfrac{75}{4}$ であれば，日本の消費者は，負担する費用（補助金に使われる税金）以上の便益（この問題では，日本国民がトヨタの株式所有者と仮定しています）を享受できていましたが，補助金の額をあげすぎると，消費者が負担する費用が大きくなりすぎて，日本の消費者は損失を被ってしまいます。多額の補助金の場合には，日本の消費者を犠牲にして，企業の利潤を増加させる状態になっているのです。

　この例題から分かることは，企業によるロビー活動などによる弊害の可能性です。ロビー活動などによる企業利潤の増加が，消費者の犠牲の上に成り立っている可能性があるわけです。つまり，消費者からの税金が過大な補助金として企業に支払われるような場合があることを示唆する例題となっています。

5.2　実証分析

　1980年代前半に革命的ともいえる展開をもたらした新しい貿易論は，国際貿易における政府の介入（保護貿易）がメリットをもたらすかもしれない可能性を示しています。規模の経済に基づいている貿易理論では，寡占，外部経済もしくはその両方が考えられます。その場合，市場が完璧に機能する完全競争の議論から得られる帰結は成立しません。もし，内部的な規模の経済（企業の規模）があれば，価格が費用を上回る寡占になります。

　一方，外部的な規模の経済であり，完全競争が維持される場合には，社会的限界費用は私的限界費用よりも下回ります。現実において貿易される多くの財は，寡占で外部経済のある産業で生産されている可能性を，新しい貿易論は示唆しています。このため，完全競争が想定するようなパレート最適な国際経済を念頭に置くのではなく，次善の状態を考えていこうというわけです。

　前章まで使用されてきた独占的競争モデルは，現実をうまくとらえているというより，分析のしやすさがメリットであるとも言われます。確かに，独占的競争モデルは，規模の経済が貿易のメリットの源泉であることをうまく示して

くれる点が評価されています。しかし，現実に独占的な競争が当てはまる産業はほとんどないといわれており，企業間の相互依存関係を考慮した寡占モデルの方が現実的と考えられています。

　1980年以降脚光を浴びた戦略的貿易論は，必ずしも新しいものではありません。にもかかわらず，本書の最後に含めたのは，企業間の相互依存関係を考慮した寡占モデルの方が現実的と評価されているからです。また，保護貿易への回帰のように近年の政治経済動向も反映しています。

　では，こうした考え方を反映した実証研究ではどのようなことがわかっているのでしょうか。企業行動を特定することの難しさから，理論と実証の橋渡しがうまく行われているとまではいきませんが，1980年代後半から活発化した実証研究では，未成熟ながらも次のような帰結が示されています。

　まず，政府の介入の正当化，特に，国内企業の参入を促すような保護政策は輸出を促進する傾向にあることです。次に，控えめな関税や補助金が一方的に課される場合には，自由貿易より好ましい結果をもたらすことです。こうした結果は，前節までの数値を使った練習問題で見たとおりです。

　また，戦略的貿易政策は，特定の投入物の供給に補助金を与えるように，生産活動の上流で行われると，かなり強力な効果を発揮するという結果もあります。但し，その後の実証研究では，政府介入によるメリットはかなり小さく，無視できる程度という結果も出ています。

　最後に，貿易戦争になった場合の費用はかなり高くつくことです。裏を返せば，お互いに貿易障壁を撤廃することは，大きなメリットがあることになります。

主 要 参 考 文 献

第 1 章, 第 2 章, 第 5 章

Gandolfo, Giancarlo, 1994, *International Economics I : The Pure Theory of International Trade*, Second, revised edition, Berlin : Springer-Verlag.

Krugman, Paul R., and Maurice Obstfeld, 2006, *International Economics : Theory & Policy*, 7th edition, Boston : Pearson Addison Wesley.

Markusen, James R., et al., 1995, *International Trade : Theory and Evidence*, Boston : McGrawHill.

Mojaver, Farshid, 2011, *Homework 3 at UC Davis*, Course 160a.

友原章典『国際経済学へのいざない（第2版）』日本評論社, 2014年

第 2 章

Dingel, Jonathan I., 2009, *The basic of "Dixit-Stiglitz lite"*.

第 3 章

Allen, Treb, and Costas Arkolakis, 2016, *Elements of advanced international trade*.

Anderson, James E., and Eric van Wincoop, 2003, Gravity with gravitas : a solution to the border puzzle, *American Economic Review* 93(1), 170-192.

Helpman, Elhanan, Marc Melitz, and Yona Rubinstein, 2008, Estimating trade flows : trading partners and trading volumes, *The Quarterly Journal of Economics*, 123 (2), 441-487.

Santos Silva, J. M. C., and S. Tenreyro, 2006, The log of gravity, *Review of Economics and Statistics*, 88(4), 641-658.

Shepherd, Ben, 2013, *The gravity model of international trade : a user guide*, Thailand : United Nations.

第 4 章

Costinot, Arnaud, and Andrés Rodríguez-Clare, 2014, Trade theory with numbers :

Quantifying the consequences of globalization, in *Handbook of International Economics* Volume 4, 197–261, Amsterdam : North-Holland.

Anderson, James E., 2016, *Trade, size, and frictions : the gravity model.* https://www2.bc.edu/james-anderson/GravityNotes.pdf

第 5 章

Dixit, Avinash K. のウェブサイト。https://www.princeton.edu/~dixitak/Teaching/InternationalTrade/ProblemSets/

Guillochon, Bernard, and Annie Kawecki, 2003, *Economie Internationale*, 4th edition, Paris : Dunod.

Krugman, Paul, and Alasdair Smith, Eds., 1994, *Empirical Studies of Strategic Trade Policy*, Chicago : The University of Chicago Press.

索　引

欧　文

absolute factor price equalization →絶対的要素価格均等化

adjusted R^2　69

bilateral resistance →二国間貿易抵抗

CES　79

　——型効用関数　129

　——CES 需要関数　57

CGEM →応用一般均衡モデル

collinear →共線

consistency →一致性

covariance matrix estimator →共分散行列推定量

elasticity →弾力性

entry →参入

extensive margin →外延

frictionless（摩擦がない）　107

heteroscedasticity →分散不均一性

homothetic →相似拡大的

intensive margin →内延

inward multilateral resistance →内向的多国的貿易抵抗

love of variety　55

multilateral resistance →多国の貿易抑止

omitted variable bias →欠落変数バイアス

outward multilateral resistance →外向的多国的貿易抵抗

R^2　69

relative factor price equalization →相対的要素価格均等化

resistance →貿易抵抗・貿易抑止

selection →選抜

semi-elasticity →準弾力性

the Dixit-Stiglitz 価格指数　94

the factor price equalization theorem →要素価格均等化定理

the Poisson pseudo-maximum likelihood estimator →ポワソン疑似最尤推定量

t 値　69

あ　行

アーミントンモデル　95, 106, 114

新しい貿易理論　35

一次テイラー近似　87

一致性（consistency）　87

移民　7

応用一般均衡モデル（CGEM）　130

か　行

外延（extensive margin）　90, 118

海外直接投資　12, 130

回帰分析　67

外向的多国的貿易抵抗（outward multilateral resistance）　79, 111

開放経済　2

寡占　39

　——モデル　190

価値尺度財　16

関税　142

完全競争　96

完全代替　8

完全特化　22, 38

企業数　47

技術革新　5, 179

技術力　1

技能労働者　4

規模に関して収穫一定　36

規模に関して収穫逓増　36, 38

規模の経済　12, 38

共線（collinear）　87

共分散行列推定量（covariance matrix estimator）　90

　頑強な——（robust covariance matrix esti-

193

mator） 90
均等貿易 109
クールノー寡占モデル 138
クールノーモデル 135
クロスセクションデータ 73
経営の質 9
欠損変数バイアス 80
結託 142
欠落変数バイアス（omitted variable bias）
　83
限界消費性向 67
研究開発 150
構造的な重力式 82
効用最大化 54
誤差項 68
国家格差 6
国境 110
　——のパズル 112
固定効果重力推定量 84

さ 行

財市場均衡条件 82
最小二乗法 71
最適補助金額 157
財の種類 47
差別化 39
三角不等式 93
産業内貿易 35
参入（entry） 100, 118, 120
サンプルセレクションバイアス 90
時系列データ 72
嗜好 31, 32, 115
市場均衡 52, 108
市場清算（財市場均衡条件） 108, 111
市場退出 158
資本 8, 11
　——・レント比率 18
資本移動 7, 33
資本集約的な財 8
資本集約度 16
囚人のジレンマ 164
重力式 66
準弾力性（semi-elasticity） 91

使用言語 75
植民地支配 75
所得格差 4
所得分配 15
ストルパー・サミュエルソン定理 5, 25, 29
生産技術 9
政府の介入（保護貿易） 189
絶対的要素価格均等化（absolute factor price
　equalization） 7
選抜（selection） 118, 120
戦略的貿易政策 190
相似拡大的（homothetic） 103
相対的要素価格均等化（relative factor price
　equalization） 7

た 行

代替の弾力性 57
代表的消費者 53
多国的貿易抵抗 83
多国的貿易抑止（multilateral resistance） 83
単純労働者 4
弾力性（elasticity） 71
中間財貿易 125
超過利潤 43, 63
長期均衡 43
独占的競争 39
　——モデル 189

な 行

内延（intensive margin） 90, 118
内向的多国的貿易抵抗（inward multilateral
　resistance） 79, 111
ナッシュ均衡 134
二国間貿易抵抗（bilateral resistance） 97

は 行

パネルデータ 73
範囲の経済 60
反応曲線 135
比較優位 1, 12
非完全競争市場 35
氷山的貿易費用 93
比率重力推定量 88

索　引

不完全特化錐　9
フリッシュの需要関数　57
分散不均一性（heteroscedasticity）　90
平均費用　41
閉鎖経済　2
ヘクシャー・オリーン定理　5, 31
ヘクシャー・オリーンモデル　1, 15
貿易協定　75
貿易均衡条件　81
貿易収支の均衡　117
貿易戦争　190
貿易抵抗・貿易抑止（resistance）　75
貿易の弾力性　98, 105
貿易のメリット　106
補助金　155
ポワソン疑似最尤推定量（the Poisson pseu-do-maximum likelihood estimator）　90

ま　行

マークアップ　63

マーシャルの需要関数　56
無裁定式　96
無差別曲線　3

や　行

輸出者固定効果　85
輸入者固定効果　85
要素価格均等化定理（the factor price equali-zation theorem）　6
要素賦存量　1
予算制約（貿易均衡条件）　111

ら　行

ラグランジュ未定乗数法　49
リカードモデル　1, 14
利潤最大化　41
レオンチェフ・パラドックス　10
労働者の質　9
労働生産性　14
ロビー活動　189

《著者紹介》

友原章典 （ともはら・あきのり）

ジョンズホプキンス大学大学院 Ph. D.（経済学）取得。世界銀行や米州開発銀行にてコンサルタントを経験。カリフォルニア大学ロサンジェルス校（UCLA）経営大学院，ピッツバーグ大学大学院およびニューヨーク市立大学等を経て，現在，青山学院大学国際政治経済学部教授。『国際経済学へのいざない（第2版)』（日本評論社，2014年)，『トピックスで学ぶ経済学』（共編著，中央経済社，2011年）ほか。

理論と実証から学ぶ
新しい国際経済学

2018年3月10日　初版第1刷発行　　　　　　　　（検印省略）

定価はカバーに
表示しています

著　者　友　原　章　典
発行者　杉　田　啓　三
印刷者　坂　本　喜　杏

発行所　株式会社　ミネルヴァ書房

607-8494　京都市山科区日ノ岡堤谷町1
電話代表　(075)581-5191
振替口座　01020-0-8076

© 友原章典, 2018　　　冨山房インターナショナル・藤沢製本

ISBN 978-4-623-08220-9

Printed in Japan

国際経済学　　国際貿易編	中西訓嗣 著	本体三五〇〇円 A5判三九二頁
国際経済学　　国際金融編	岩本武和 著	本体三〇〇〇円 A5判三〇四頁
国際経済学	秋葉弘哉 編著	本体三八〇〇円 A5判三六〇頁
国際経済学を学ぶ	石黒馨 著	本体三〇〇〇円 A5判二九六頁
超入門経済学	鈴木久美 高橋知也 著	本体二五〇〇円 四六判二一六頁

―――――― ミネルヴァ書房 ――――――

http://www.minervashobo.co.jp/